JAPAN-EDITION

Ōoka Makoto
Botschaft an die Wasser meiner Heimat

JAPAN·EDITION

Ōoka Makoto

Botschaft an die Wasser meiner Heimat

Gedichte 1951–1996

Auswahl, Übersetzung aus dem Japanischen
sowie Gespräch mit dem Autor
von
Eduard Klopfenstein

edition q

JAPAN-EDITION
Herausgegeben von
Eduard Klopfenstein, Zürich

Die Deutsche Bibliothek – CIP-Einheitsaufnahme

Ōoka, Makoto:
Botschaft an die Wasser meiner Heimat: Gedichte 1951-1996 /
Ōoka Makoto. Aus dem Jap. von Eduard Klopfenstein –
Berlin: Ed. q, 1997 (Japan-Edition)
ISBN 3-86124-348-2

Copyright für die deutschsprachige Ausgabe
© 1997 by edition q Verlags-GmbH, Berlin

Dieses Werk ist urheberrechtlich geschützt. Jede Verwertung
außerhalb der engen Grenzen des Urheberrechtsgesetzes
ist ohne Zustimmung des Verlags unzulässig und strafbar.
Das gilt insbesondere für Vervielfältigungen, Übersetzungen,
Mikroverfilmung sowie die Einspeicherung und Verarbeitung in
elektronischen Systemen.

Lektorat: Dr. Jürgen Schebera
Umschlaggestaltung: Studio Höpfner-Thoma, München
Druck und Bindearbeiten: Ebner Ulm
Printed in Germany

ISBN 3-86124-348-2

JAPAN·EDITION

Ōoka Makoto
Botschaft an die Wasser meiner Heimat
Gedichte 1951–1996

高度四千メートル近い富士山に
降り積もる雪のあるものは
うねうねと地下水脈に濾過されながら
百年の後　四十キロ南の町で泉となる
透明な水の名に変わって輝いている
おびただしい鉱物の汗

信

Kalligraphie von Ōoka Makoto

Auf dem Fuji   fast viertausend Meter über Meer
häuft sich Schnee – ein Teil ergießt sich hundert Jahre später
gefiltert durch verschlungene Wasseradern
als Quelle eines Städtchens vierzigtausend Meter südwärts
transparenter Wasserglanz   verwandelt   schimmernd
unerschöpflicher Schweiß der Gesteine

Kōdo yonsen mētoru chikai Fujisan ni
furitsumoru yuki no aru mono wa
uneune to chika suimyaku ni roka sarenagara
hyakunen no nochi   yonjikkiro minami no machi de izumi to naru
tōmei na mizu no hikari ni kawatte kagayaite iru
obitadashii kōbutsu no ase

ERINNERUNG UND GEGENWART
Kioku to genzai
1956

ZWANZIGJÄHRIG
Hatachi

Der blaue Himmel spannt sich zum Bersten weit. Darunter brechen allerorten Wände auf. Nebel füllt die Spalten. Schlingpflanzen kriechen. Schon greift die Verwüstung über mich hinaus.

Ah, draußen, außerhalb des Magnetfelds dieser zwanzig Jahre, einsam lautlos ein schilfbedecktes Sumpfgelände. An der Peripherie meines Denkens schwillt ein mächtiger Strom – ein Schutzwall.

Längst sind die Würfel gefallen. Was eigentlich hält mich an diesen Ufern? Schichtweise lagert sich Trauer in meinem Innern. Ich brenne nur noch darauf, sie umzuschichten.

Rauschend fährt der Wind durch die Wipfel, ich hör' es – und höre doch nicht. Zu sehr bezaubert mich das jenseits sich hinziehende Schilfgelände, – weil es mich allzusehr zurückweist.

Schon ist das wohlgeordnete Magnetfeld zerfallen. Wandernd irre ich über den Sand. Streue Erinnerungsnotizen aus dem Fenster. Sinkende Sonne. Die langen Schatten des Waldes ragen in mich hinein. Ich trete ein in die Nacht.

(1951)

FÜR DEN FRÜHLING
Haru no tame ni

Du gräbst den schlummernden Frühling aus dem Sand
schmückst dir damit die Haare   lachst
dein sprühendes Lachen das sich wie Wellenringe
über den Himmel breitet   still wärmt das Meer die grasgrüne
                                                                                  Sonne

Deine Hand in meiner Hand
dein Kieselstein geworfen in meinen Himmel   ah
Schatten von Blütenblättern   die heute am Grund des Himmels
                                                                                  treiben

Aus unseren Armen sprießende neue Knospen
im Zentrum unsres Blickfelds
wasserstäubend rollend die goldene Sonne
Wir   wir sind See sind Baum
sind Lichtstrahl der durch Zweige auf den Rasen fällt
sind Locken deines Haars auf dem der Lichtstrahl tanzt
Wir

Im neuen Winde öffnet sich die Tür
unzählige Hände die uns und den grünen Schatten winken
taufrisch der Weg über die weiche Haut der Erde
dein Arm der im Quellwasser schimmert
und sonnenüberflutet unter unsern Wimpern
fängt ruhig an zu reifen
Meer und Frucht

                                                                                                        (1952)

MEINE DICHTUNG UND WAHRHEIT
Waga shi to shinjitsu
1962

DER OBERST UND ICH
Taisa to watashi

– Den bösen alten Strategen zugeeignet –

Taisa Taisa Taisa*
ich bin's   ich habe Sie gern
wohin des Wegs um acht an einem öden Morgen?
wie denn   in unsere Schule?
Taisa Taisa Taisa
ich hab' Sie darum so gern
weil ich die Bomben liebe
weil ich die präzise Ballung
von Möglichkeiten liebe
die sich hinter dem Abzug staut
weil ich die erdbebengleiche Schönheit liebe
wenn hunderttausend Teilchen
auf einen Schlag reagieren
und weil Sie selbst nur eine Bombe sind
oh Taisa Taisa Taisa
schön ist die Wolke   wenn sie gewaltig
senkrecht empor bis in die Stratosphäre steigt
schön ist die Wolke
falle in Ohnmacht Seismograph   krepiere
falle in Ohnmacht Mensch   krepiere
falle in Ohnmacht Vogel   und krepiere
Taisa Taisa Taisa
Ihren festen Schritt vom Unterstand
bis hin zur Schule hab' ich gern
Ihre Rede ist konzentrierter als die von Descartes

ich will sie lateinisch auf Flugblätter abziehen
will sie in kufischer Schrift gemeißelt auf den Altar stellen
will mit einer Sanskrit-Fassung im Arm unter dem Bodhi-Baum
          sterben
und ich möchte sie d e n Mann hören lassen
der schon vor Kolumbus Amerika entdeckt hat
Taisa Taisa Taisa
warum eigentlich macht man Bomben?
Achtung! Steht! Ruhn!
Das wißt ihr nicht   meine Herrschaften?
Bomben werden hergestellt
damit man sie beseitigen kann
für den Frieden beseitigt man die Bomben
nie sind genug Bomben da
weil es nie genug Frieden gibt
Stellt also Bomben her!
Achtung! Vorwärts! Marsch!
Taisa Taisa Taisa
hätt' ich denn Ihr Töchterlein
in jenem düsteren Hotel umarmt
nur um sie nachher zu beseitigen??
Taisa Taisa Taisa
ich bin's   ich hab' Sie gern
weil Sie selber nichts als eine Bombe sind
und deshalb muß ich Sie beseitigen
so steht's geschrieben   in Sanskrit
und auch in meinen eigenen Gedichten
es ist Befehl!

                                    (1960)

* ‚Taisa' bedeutet ‚Oberst'. Das Wort wurde aus lautlichen und rhythmischen Gründen im Original belassen, da eine refrainartige Wirkung beabsichtigt ist. *(Anm. des Übersetzers)*

PHYSIOLOGIE DES WASSERS
Mizu no seiri
1968

LIED DER FLAMME
Honoo no uta

Wenn der Mensch mich berührt
erhebt er ein lautes Angstgeschrei
doch ich weiß nicht
bin ich heiß oder kalt für ihn
Ich verharre keinen Augenblick in der gleichen Stellung
was ich eben war existiert schon nicht mehr
mein Brennen ist ständiges Fortgehn

Ich widersetze mich der Dunkelheit
und doch habe ich nur einen Ort der Rückkehr
das Dunkel

Der Mensch fürchtet mich
weil es mich aus mir unbekannten Gründen drängt
Bäumen Papieren menschlichen Körpern nahe zu kommen
mich anzuschmiegen zu liebkosen zu verzehren
um danach selber
bar aller Wünsche
auf ihrer Asche zugrunde zu gehen
Die Schreie
die der Mensch bei meiner Berührung ausstößt
lehren mich   welchen Schrecken
ihm meine Freundschaft einjagt

PHYSIOLOGIE DES WASSERS
Mizu no seiri

1.
Während die Bäume rauschen
breiten sich nur Ringe des Schweigens über die Wasserfläche

Während der Mensch einen Stein wirft
breiten sich nur Ringe des Schweigens über die Wasserfläche

Während sich eine verweifelt klagende Frau hineinstürzt
breiten sich nur Ringe des Schweigens über die Wasserfläche

Während ein Fisch emporschnellt und zurückfällt
breiten sich nur Ringe des Schweigens über die Wasserfläche

Während der Mensch aufs Wasser starrt und nicht weiter weiß
schweigt das Wasser und erwidert den Blick

2.
Das Wasser bedeckt
über sieben Zehntel der Erdoberfläche
und immer fließt es auf eine tiefere Stufe hinab
Darum gibt es nirgends
auch nur eine einzige wasserlose Stelle
Wahrhaftig! eine erstaunliche Fülle

Tut sich je eine Kluft im Wasser auf
ergießen sich die umliegenden Wasser
wetteifernd hinein   erregen heftige Wellen
und selbst mächtige Schiffe
können sich dieser Bewegung nicht widersetzen

Das merkwürdige Wesen des Wassers
das sich immer hinabstürzen möchte
verdichtet sich selten einmal
zum prachtvoll-phantastischen Turm der Fontäne
Das beharrliche Wesen des Wassers
das alle Spalten füllen möchte

kann eine Küstenstadt
in ein grauenvolles Schlammbecken verwandeln

Wasser hat keine Form
es kennt nur e i n Verlangen
hinab hinab zu fließen

Allen Kähnen
die hinauf hinauf – die Wasserfläche ritzend
balancierend – vorwärtsstreben
bleibt das Wesen des Wassers
für immer ein Rätsel

3.
Es war einmal ein Mönch aus östlichen Landen
er kam auf seinem Weg hinauf zur Hauptstadt
im Sommer um die Mittagszeit bei schrillem
Zikadengewitter durch ein abgelegnes Dorf
Der hübsche junge Mann voll Lebenskraft
klopft durstig an die Tür des ersten Hauses
Die vollerblühte Tochter schenkt ihm Tee
und sieht ihn an – da ist's um sie geschehn

Ah ein kräftiger
ah ein toller
ach ach
was für ein fabelhafter Bonze!

Der Mönch löscht seinen Durst
dankt herzlich und zieht weiter
das Mädchen in seiner Liebesglut
schlürft das Restchen Tee
das er am Grund des Bechers übrig ließ
bis auf den letzten Tropfen aus

Darauf oh Wunder
wird das Mädchen schwanger
setzt einen allerliebsten Knaben in die Welt
Der Mönch der nichts davon erfährt

vollendet seine Exerzitien in der Hauptstadt
kehrt wieder ein im Dorf auf seinem Rückweg

„Herr Bonze hört mich   voller Liebessehnsucht
hab ich bei Tag und Nacht auf Euch gewartet
Schaut
dieses Kind ist Euer Ebenbild
Ihr seid der Vater!
seid der Vater dieses Knaben!"

Der Mönch erschrickt nicht im geringsten
ruft Buddha an mit leiser Stimme
und streichelt rund herum den Kopf des Knaben
Unglaublich!
Seht nur! die Gestalt des Kindes
beginnt nun aufzuschäumen und zu schmelzen
fließt hin und löst sich auf im abenddunklen Fluß
Und auch der Mönch geht seines Wegs auf Nimmerwiedersehn
indem er Buddha ruft mit leiser Stimme

Das hingeschmolzene Kind   es war die Seele
des nicht getrunknen Tees am Grund des Bechers!

Wahrhaftig   wunderbar
und furchterregend sind die Geister die im Wasser wohnen!
– mit diesem Seufzer schloß jeweils der Kundige seine Sage

4.
In dunkler Morgendämmerung
ziehn unablässig Fische über den Horizont
meist fahnenähnliche blaugestreifte Schwärme
kleiner halbdurchsichtiger Lebewesen
Luftbläschen blubbern
in den dämmrigen Morgenhimmel   noch von der Sonne un-
                                          berührt
ziehn unablässig Fische hin und wieder

Hast du noch nie gesehn zu solcher Stunde
wie Träume plötzlich

der Vergangenheit entfliehn
sich auf des Schläfers halb geöffnete Lippen setzen?
Dort blubbern murmeln sie für eine Weile
um unbemerkt zu trocknen und zu sterben

5.
Während sich Ringe des Schweigens über die Wasserfläche breiten
können die Bäume nur rauschen

Während sich Ringe des Schweigens über die Wasserfläche breiten
kann der Mensch nur Steine werfen

Während sich Ringe des Schweigens über die Wasserfläche breiten
kann eine verweifelt klagende Frau sich nur hineinstürzen

Während sich Ringe des Schweigens über die Wasserfläche breiten
können Fische nur emporschnellen und zurückfallen

Während sich Ringe des Schweigens über die Wasserfläche breiten
starrt der Mensch nur aufs Wasser und weiß nicht weiter

6.
Wasser tropft
Gebein tropft
Dampf tropft
Wolke tropft
Blut tropft
Schatten tropft
Träne tropft
Auge tropft
Eis tropft
Rabe tropft
Meer tropft
Klippe tropft
Tang tropft
Rätsel tropft

Rätsel schmilzt
Tang schmilzt
Klippe schmilzt
Meer schmilzt
Rabe schmilzt
Eis schmilzt
Auge schmilzt
Träne schmilzt
Schatten schmilzt
Blut schmilzt
Wolke schmilzt
Dampf schmilzt
Gebein schmilzt
Wasser schmilzt

Wasser tropft
Geräusch

7.
Wir sind
im Wasser schwimmendes Fleisch Gebein
Unser Körper
ist Fleisch Gebein
von Haut umspannt
und durch Wasser im richtigen Maße aufgetrieben
Fleisch und Gebein
setzen sich in etwa gleichem Verhältnis wie die Erdkruste
aus Wasser- und Nicht-Wasser-Teilen zusammen
Man kann auch sagen
unser Körper
besteht zu rund sieben acht Zehnteln aus Wasser
und ein jeder von uns ahmt das Erscheinungsbild
der Erde   unserer Wohnstatt   nach
Das heißt   unser Körper
hat innere Organe vergleichbar einem Insel-Archipel
hat Blutgefäße wie die Emden-Tiefe
oder die finstere Bering-Straße
die das glitzernde Licht in sich aufsaugt
Unser Körper wiederholt

– gleich wie das Wasser auf der Oberfläche zu Wolken verdampft
und wieder als Regen zurückfällt –
ständig Ausscheidung und Stoffwechsel
In unserem Körper schweben wie schneeiges Plankton
die Gedankenpartikel
lagern sich ab zu schweigenden Sedimenten
um manchmal aufzubrechen als submarines Ölfeld

Jedoch
das Schönste was das Meer erzeugt
ist die Kristallisation schmerzhafter Krämpfe
im Fleisch der Muschel: die Perle
In gleicher Weise sind die schönsten Perlen
die wir erzeugen
die zwischen den Wimpern kristallisierenden
leicht salzhaltigen
Tropfen

(1965)

DIE LEBEWESEN MEINER NACHT
Waga yoru no ikimonotachi
1968

WÖRTER WÖRTER
Kotoba kotoba

1.
Ein unsichtbares Pferd
halte ich mir im freien Raum
ergreife manchmal seine Zügel und besuche
einen Zen-Mönch des 12. Jahrhunderts
Achthundert Jahre Leben   und nun
ist von seinem Körper keine Spur mehr übrig
ein Körper ganz in Wörter umgewandelt
Am Ende werden auch die Wörter schwinden   sagt er
bis dahin sind sie mir Zuflucht
trete ich unter ihr Vordach
Wenn er sagt
die Blume blüht die Welt steht auf
dann blüht er selbst als Blume steht er auf als Welt
als Wort   im Wort   mit Wörtern
öffnet schließt er sich
taucht auf versinkt
wird geboren oder getötet
und währenddessen bleibt er Wort
lebt weiter in den Wörtern
kann nicht sterben
Solang es Wörter gibt auf Erden
wird er zu Fels Rad Liebeslust
wird er zu Himmel Blut Kalender
und bleibt drum fort und fort
gepeinigt von der bitteren Erkenntnis
daß er gleich schwer ist wie die Welt

Denn
es gibt keine größere Schicksalslast
als wenn die Wörter sich ins eigene Fleisch verwandeln
Und wenn die Menschen
dieses nicht als Last empfinden   dann nur
weil sie den Leib nicht wirklich spüren
spricht er
dieser ausgedörrte Heilige

2.
Alle redeten sie in schwierigen Wörtern daher
Ich kam zum Schluß: unmöglich mit ihnen zu leben
ohne ein Papagei zu werden
Krank legte ich mich ins Bett
da umschwirrten viele Zungen meine Kissen   klagten mich an
Was für häßliche Wörter du brauchst!
unsere Ohren brennen davon
Unsinn! sagte ich stand auf
Laßt uns eure und meine Wörter vergleichen
und erst dann das ganze Rom erbauen
Uns gegenübersitzend suchten wir Wörter auf dem Tisch
doch kein einziges war da
auch keins im Zimmer keins auf der Straße
keins auf dem Bilderrahmen oder im elektrischen Kabel
keins im Mund und keins im Finger
Alle waren entsetzt   zu Steinsäulen erstarrt

Lange standen wir versteinert da
Jahreszeiten wechselten   Winde wirbelten
Sporen drangen in unsre Poren ein
der Regen sammelte sich in Mulden
Sand häufte sich in nicht erkennbarer Dicke
Sonne brannte   Landschaften Städte wandelten sich
und während wir für immer schweigend standen
erwachten ringsumher Geräusche   wurden lauter
das Windesrauschen schwoll zum unerträglichen Sturm
krachend spalteten sich die Sporen
Regentropfen wurden heulende Geschosse
das Rieseln des Sands wie Hammerschläge auf einen Sarg

sogar die Sonnenstrahlen fielen lärmend nieder
So stand man wortlos
während plötzlich aus dem Ozean des Schweigens
das Geräusche-Plankton
sich in schrillen Herztönen vernehmen ließ
He he das sind ja Wörter   Wörter der Natur
schrie ich wie ein Verrückter   schaute mich um
doch kein Mensch war da
im Zimmer schwebten Sternbilder
im Windwald brannten die Töne
in diesem Augenblick der Seligkeit
hing ich im leeren Raum   dem dunklen Strome zugeneigt
und sah mit angestrengten Blicken
wie in der Tiefe unter mir
von Wellen hin- und hergeschoben
eine Unzahl von Papieren
mit einer Unzahl von Schriftzeichen
langsam versank
um sich nie mehr zu zeigen

(1963)

ELEGIEN UND SEGNUNGEN
Hika to shukutō
1976

WINTER
Fuyu

Mit übergezogenem Sack
hängt da einer* am Ast
eines kahlen Strauchs im winterlichen Garten

Ganze drei Stück
finden sich an dem kinderhohen Zweig

Der stumpenförmige kleine Überwinterer
schmeichelt den Fingern die ihn packen
mit fügsamer Elastizität

Ob er wohl den mordgierigen Finger
der draußen am Sack spielt   unterscheiden kann
beispielsweise von einem Frühlingslüftchen?

(1972)

---

* ein Sackspinner, jap. *minomushi*. (*Anm. des Übersetzers*)

TOD UND LÄCHELN
Shi to bishō

– Nachtrag zum Aufruhr von Ichigaya –

Männer lechzen nach dem Tod

Die Regenschleier über der Bucht
die glitzernden Salzkörner auf dem häuslichen Mahl
Votivbildchen   farbiger als der indische Ozean
all dies
verlieren die Männer aus den Augen

Männer deren Ohr sich nicht hinneigt
zu den kleinen Verlockungen am Wegrand
mit einer Seele dünner schärfer als die Mondsichel
mit Lippen versiegelt durch das Grab
Jenseits der Blutfontäne
bleiben die Kōan-Fragen festgefroren
in der Sitzvertiefung des Bodhidharma

Hochmütig lechzen die Männer nach dem Tod

Jünglinge mit zusammengekniffenen Lippen
Erwachsene mit straff gegürteten Lenden
eigenmächtig   kühl
Morgen erhebt sich der Schwarm der Vögel gen Himmel
jetzt   im letzten Abendschein
schleichen die Echsen durch violette Dämmerung hinter dem
                                             Herbstlaub
Schlürfend den Tau der im Flaum der Früchte hängt
brechen sie auf   die Männer   dem Tod entgegen

Kein Warum
auch kein Deshalb
im apodiktischen Ja im apodiktischen Nein
welche Befreiung!
welche Wonne!

Letztes Aufleuchten der Seele vor dem Erlöschen
sie lobpreist ein Weltall ohne Spiegelbilder
und entfernt sich taumelnd

Entenflossen senken auch heute sich raschelnd ins Gehölz
und Salzkörner prasseln auf das häusliche Mahl

Am Ufer lächeln die Frauen

(1971)

Dieses Gedicht ist Ōokas Reaktion auf den versuchten Staatsstreich und den anschließenden Selbstmord des Schriftstellers Yukio Mishima und seiner Anhänger in der Kaserne von Ichigaya (Tōkyō), November 1970. (Anm. des Übersetzers)

FRÜHLING – FÜR EIN MÄDCHEN
Haru – shōjo ni
1978

GEBURT DER GÖTTER
Kami no tanjō

Wenn der Winter
noch mit eisigen Lippen blitzend
aus dem Wasser lacht
singt in seinem Versteck
der Frühling
seine tausendfältig
abgeleierten Weisen
Dann verwandeln sich
– der tausendfachen Wiederholung überdrüssig –
die Floskeln vom „Blütenmonat" vom „Wonnemonat"
in heitere Götter
Sind es Knaben   sind es Mädchen?
Nicht recht auszumachen die bewußte Stelle!
Zeit ist's jetzt
daß diese alten Götter Japans
über die Flüsse des Landes trollen
zwischen Berg und Meer durchschlüpfen
um im Süden schmelzend zu verschwinden

(1977)

FRÜHLING – FÜR EIN MÄDCHEN
Haru   shōjo ni

Sieh   wenn der Berg mit feuerschwangerem Bauch vor Freude
brüllt
wenn er auf einmal Millionen Trommeln schlägt   erbleicht der
Mensch und flieht in Panik

Doch wisse   die Gewalt die deine Jugend zum Zenit des
Frühlings hebt
jagt auch den Herbstfluß über die Ufer   bricht die Dämme
– Menschenwerk

Die Kraft die die Brut von Bockkäfer und Ameisenlöwe bis zum
Frühjahr in der Erde wiegt
treibt am Ende winziger Saftgefäße auch die Früchte des Herbsts
hervor

In einer alten Stadt des Westens sah ich nach vielen
Springbrunnen
unter dem Dom Bildnisse   geschmückt mit heiligen Namen

Nach unendlich langen blutigen Nächten der Verfolgung und
der Marter
hielt das große stille Nichts die Heiligen umfangen

Dennoch blieb ihr Abbild an den Wänden   als Erinnerung
geweihter Qualen
wie aus Stolz   daß Großes schmerzlos sich in Kleines wandelt

Ich selber bin nicht zum Martyrium geschaffen   lebe zu wenig
anspruchslos und aufrecht
das ist es was mir immer wieder aufstößt aus dem Winter
meiner kalten Eingeweide

Und wenn da einer mit feuerschwangerem Bauch vor lauter Haß
                                                                                aufbrüllt
erbleiche ich wohl schon nach den ersten Funken   ich
Du aber wisse   die Kraft die den Herbstfluß jagt und die Dämme
                                                                                             bricht
die hebt auch deine Jugend zum Zenit des Frühlings

                                                                                                  (1978)

WASSER - ZONE – UNSICHTBARE STADT
Suifu – Mienai machi
1981

CHŌFU I (VORSTADT - ZONE I)
Chōfu I

Ich wohne in einer Stadt
denke über sie nach.
Doch seltsam, diese Stadt in der ich wohne,
wird mir nicht gegenwärtig.

Immer schlittern meine Augen und Erinnerungen weg
einer andern Stadt zu.
Und doch nicht so
wie man an eine andere Frau denkt.

Am Rand der Steigung, über Hasenohr streifend
und Hirtentäschel, gleite ich nach und nach ins Weite
wie eine Roßbremse voll überschüssiger Flugkraft,

taumle zwischen schwankenden Stadttürmen durch die Wolken
und gerate in andere Windturbulenzen
einer anderen Stadt.

(1979)

Chōfu, Ōokas Wohnort, ist heute eine an Tōkyō angrenzende Satellitenstadt. Die Endsilbe *-fu* führt in diesem Gedichtband assoziativ zu einer Reihe anderer Gedichttitel auf *-fu*. Dieses *-fu* wird mit einem anderen Zeichen geschrieben und bedeutet ‚Stadt, Verwaltungszentrum, Bezirk, Zone'. Ich habe mich für das neutrale ‚Zone' entschieden und gebe in einer rückwirkenden Assoziation auch den Ortsnamen Chōfu mit ‚Vorstadt-Zone' wieder. (*Anm. des Übersetzers*)

CHŌFU III   (VORSTADT - ZONE III)
Chōfu III

„Was soll das! Dieser trübe Qualm! Bringt mich zum Niesen!"
„Im Frühjahr hat auch Tōkyō, wie weiland Chang-an, seinen
　　　　　　　　　　　　　　　　　　　　,duftenden Staub'."
„Mach dir nichts vor! Keine Spur von einem eleganten Duft! Was ist's?"
„Na, unser Himmel! – eine Folge der blutleeren
　　　　　　　　　　　　　　　　　　　Stellvertreterpolitik."

Der Hund und ich sind unterwegs und plaudern.
Februar - März, am Westrand der Hauptstadt.
Auch dies' Jahr hat man, um das Budget auszuschöpfen, noch
　　　　　　　　　　　　　　　　　　　　　　　vor der Blüte
die Straßen aufgerissen. Baustellen zeigen den nackten Hintern.

„Was soll das! Hat wie Eis geglitzert!"
„Der Große Falke! Lebt über der Stadt im Himmel, späht
　　　　　　　　　　　　　　　　　　　　　　　herunter."
„Weiß nichts davon. Hat mich noch nie behelligt."
„Ein fürchterlicher Kerl, den keiner je gesehn hat."

Der Hund und ich bleiben stehn. Ich schaue auf in den
　　　　　　　　　　　　　　　　　　Staubglanz des Himmels.
Der Hund schaut nieder, drückt den gestrigen Kot an die
　　　　　　　　　　　　　　　　　　Wurzel einer Nara-Eiche.
Der Falke durchsticht auch jetzt, in diesem Moment, die
　　　　　　　　　　　　　　　　　　　Wolken, streut sein Eis,
erneuert seinen Ansturm auf die Stadt.

Oh Dämon! Falke! Zürnst Du, ewig hungrig?
Verzeih, Du, großes Wesen! Der Mensch ist nicht so frei,
von Dir, dem Glänzenden, vertilgt zu werden.
Zahllose, fürchterliche Krallen streckst Du aus,

doch werden sie dort oben, wo unsere Augen noch hinreichen,
                         zu Spatzen, zu Staren,
die sich in Schwärmen ins Gehölze niederlassen, zu allen
                             möglichen Vogelarten.
Nur Deine Gestalt, hinter dem äußern Schein der Vögel,
bleibt dem Auge für immer verborgen.

„Was soll das! Eisiges Gefühl! Tut weh!"
„In Tat und Wahrheit . . . bin ich dort zuhaus!"
„Und gehst du heim, mal irgendwann?"
„Hab mich davon gemacht. Bin selber schuld!"

                                         (1979)

CHŌFU IV   (VORSTADT - ZONE IV)
Chōfu IV

Eines Tages gegen Ende März
quillts aus der Erde rund ums Haus:
Kröten kriechen haufenweise hervor.
Am genau gleichen Tag
erwachen sie zu Dutzenden
aus dem Winterschlaf.
Die großen Weibchen laden sich
die kleinen Männchen auf den Rücken,
oft klammert sich obendrauf noch ein zweites an,
rutscht herab,
kraxelt wieder hinauf.
Gegen Nachbars Garten hin,
wo bis zum letzten Jahr noch ein Teich war,
geht's drunter und drüber in einem Haufen.
Wenn's den Teich noch gäbe – was für unaufhörliche Brunst bei
                                  Tag und Nacht!
Doch der Teich ist weg,
das nächstgelegene Wasser im Wald.
Trotzdem stimmen sie ihre Liebesgesänge an.
Plumpe Wesen!
Oder verächtlich im Modejargon:
Alte Knacker im Reiselook.
Doch wenn sie mal ihre Stimme erheben,
dann, ihr Schlageridole, sinkt in den Boden vor Scham!
Der dicke Bauch gibt der Stimme tiefe Resonanz,
von ihrem lauten Qua-n Qua-n
bebt machtvoll begeistert der ganze Luftraum.
Wo bleibt ihr denn, gemeine Frösche, mit eurem Gyo-Gyo?!
Ununterbrochen, vier Tage lang,
bringen sie die Luft zum Zittern,
dann plötzlich verstummt das Quaken ringsherum.
Wenn sie ihr Geschäft beendet haben,
verkriechen sie sich wieder unter die Erde,
schlafen bis zum Sommer.

Während Menschenblicke leichthin über die Erde wischen,
atmen die Kröten eingerollt, zum Beispiel
schau, dort unter dem Kirschbaum –
oben
fallen die Blüten.

(1980)

RENFU   WELLENGEKRÄUSEL-ZONE
Renfu

Feuchte
Lichthülle
der Samen

Zwischen
Männer-
Fingern
das Hemdchen vergessend
schmelzen
zerfließen
die Rauhreif-
Frauen

Unbändiges Kichern
des Haarmooses

Wellengekräusel
leicht getrübtes
zwischen den Schenkeln

(1979)

CHŌFU V (VORSTADT - ZONE V)
Chōfu V

In einer Stadt wohnen, heißt
irgendwo darin einen lieben Ort haben,
irgendwo darin liebe Menschen haben.
Ohne das wär's kein Leben!

Kinder wachsen rasch heran,
aber Väter merken nichts von ihrem eigenen Älterwerden.
Mit Schrecken nehm' ich mich plötzlich wahr
als Fremdling auf der Straße – als ein mir Unbekannter.

Verlier mich selbst aus den Augen, streife umher,
hab irgendwo in der Stadt einen lieben Ort versteckt,
hab liebe Menschen versteckt, als wüßte ich von nichts.
So bin ich hier „Hausvorstand".

Doch eines Morgens umspielt ein Sonnenstrahl den Nacken
                                              meines Sohnes,
während er schweigend die Zeitung aufschlägt. Rührung,
ungläubiges Staunen, das an Wehmut grenzt.
Akkun*, du kommst also auch – ins Rekrutenalter?!

(1979)

---

* Koseform für Akira. Ōoka Akira ist heute ebenfalls ein bekannter Schriftsteller. (*Anm. des Übersetzers*)

REIFU   GEISTER - ZONE
Reifu

Sie wohnen dort draußen,
wiegen die Köpfe tick tack tick tack,
schaukeln ohne Ende in ihren Armsesseln,
die vielen, die zahllosen Mütter.

Auf tobender See, die ihnen die Söhne raubte,
weit weit draußen, im Tosen von Wind und Wellen,
bis zum Unterleib im Wasser sitzend,
treiben sie hin auf ihren Sesseln, die Mütter.

Schwankend, berührt von Walfisch-Eltern mit ihren Jungen,
die gelassen dahinziehn nach dem Lauf der Sonne,
hängen Strähnen grün-violetten Tangs von ihren Waden.
Dumpfes Gelatine-Schimmern – ein Geister-Schleier.

Kreuzer, Zerstörer, Unterseeboote, Transportflotten,
alle die untergegangenen Schiffe versammelt
schauen hinauf zu den Müttern
und können sich ihnen doch nicht nähern.

Schiffsbesatzungen, zurückgefallen ins Knabenalter,
spielen Wasserleiche in den Wracks.
„He, wie lange noch wollt ihr mit Spielen die Zeit vertrödeln!
Es dämmert ja schon, es naht die Stunde der Dämonen!"

Sie wiegen die Köpfe tick tack tick tack,
klagen schaukelnd in ihren Sesseln, die Mütter.
Über ihnen regnet es, setzt aus und regnet wieder.
Geisterregen, dunkel lodernd über den Wassern, Geisterreigen.

(1979)

SUIJUFU   WASSER - BAUM - ZONE
Suijufu

Baum ist Baum.
Schaut er hinab auf den Wasserspiegel zu seinen Wurzeln,
sieht er ein liegendes Geisterwesen tief und leise singen.

Wasser ist Wasser.
Schaut es empor von den Wurzeln zum ragenden Baum,
sieht es ein armbewehrtes Geisterwesen hoch und mächtig singen.

Doch nie haben sie einen traulichen Gruß gewechselt.
Wenn es dämmert, erwacht das Wasser als Wasser, der Baum als
                                                                                          Baum
je zu seinem eigenen einzigartigen Morgen.

An den Wurzeln schlafend die glatte Schlange,
unter der knorrigen Rinde Larveneier, kaum erkennbare
                                                                                        Spuren von Kot.
Unersättlich Wasser saugend wächst der Baum.

Wasser als Wasser betrachtet seine letzte Gestalt,
wie es zu Tau gewandelt einfließt
in die glänzenden Blätter, die zahllos glänzenden Blätter.

Doch nie haben sie einen traulichen Gruß gewechselt.
Baum durchstößt unendlich den leeren Raum des Baums.
Wasser verströmt unendlich in der Fülle des Wassers.

                                                                                        (1979)

KEIGAFU   LEUCHTKÄFER-ZONE
Keigafu

Drüben am andern Ufer des abenddunklen Flusses
erwartete mich die Mutter – und weil ich's wußte,

hatte ich keine Angst, obwohl ein Feigling,
beim Durchstreifen des schilfbewachsnen Ufersaums.

Leuchtkäfer jagen ist keine Kunst.
Doch der Geruch dieser Tierchen!

Als sickerte der Flußgrund aus den Poren der Insekten,
verwandelte sich in Tau und spräche:

„Wie, wie ist es, mein Leuchten, Seele des Wasserkrauts?"
Ein Geruch – vertraut im Wachen, Sehnsüchte weckend,

unheimlich dagegen im Traum,
erschreckend roh und widerwärtig.

Drüben am andern Ufer des abenddunklen Flusses
erwartete mich die Mutter wirklich, damals?

Die mit geschwellten Brüsten, die mit mir viel zu lange Leuchtkäfer
                                                                                                  jagte,
    gescholten von *Seiner Hoheit, dem Erzeuger,*

gab's denn wahrhaftig einen solchen Abend?
War die Mutter wirklich drüben am andern Ufer?

Über Tag
schlängelten sich vier Flußarme mitten durchs Gelände.

Der strenge Geruch der Jauchefässer verband sich
mit blühenden Rapsfeldern und aufblitzenden Lerchen.

Hochspannungsleitungen und die Fäden fliegender Drachen
tanzten oben am Himmel und sirrten im Wind.

Kaum einer hatte was übrig
für die albernen Liedchen des Freudenviertels.

Hinter der Schule ergoß sich einer der Flußarme in ein tieferes
                                                                                                  Becken,
Wasser stürzte, Wasser floß weiter.

Über Tag
flitzten die Elritzen und Schmerlen mitten durch die Ebene,

und im Becken, wo man Reusen stellte und am Grunde Larven
                                                                                                      fing,
war kein Wasser mehr von gestern.

Da mir im Käferleuchten der Erinnerung, beim Doktorspielchen',
eine Kratzwunde auf zarter Mädchenhaut blutrot entgegen-
                                                                                                    schimmert,

wandre ich traumbefangen fort, einem andern Gestade zu,
suche ein anderes Feuer, andere Gerüche.

„Du hältst was in der Hand, Knabe,
was Wichtiges hältst du!

Deine weißen Fingerbeeren zeigen,
wie fest du's hältst.

Ein Würfelchen, ein weißes Knöchlein hältst du,
– doch schade, ohne Augen, nur ein Knöchlein!"

Im Abenddunkel, jene Mutter?
war sie wirklich da? am andern Ufer?

                                                                                                   (1980)

MOKUFU   SCHWEIGE - ZONE
Mokufu

Bäume
erreichen ein erstaunlich hohes Alter.
Der Mensch lebt, wenns hoch kommt, hundert Jahre,
die Drachenbäume der Kanarischen Inseln aber
fünf-, sechstausend Jahre.
Desgleichen der afrikanische Baobab.

Als die Pharaonen im Tal der Könige,
beigesetzt in goldnen Sarkophagen,
weit aufgerissenen Auges
ihren Traum begannen,
stand schon ein Drachenbaum, umrauscht
von atlantischen Winden
an der Küste.

Zur Zeit, da dieser immergrüne Baum
mit schwertähnlichen dichten Blättern
in seiner Lebensmitte stand,
segelte, ängstlich alle Riffe meidend,
ein Mann namens Kolumbus über die Meere.
Er hatte kein Auge für diesen Baum!

Was für ein Schweigen hat dieser Baum durchlebt!
Kein anderes
noch so langlebiges Wesen
kennt ein gleiches Schweigen.
Und kein Ohr vermöchte
die Summe der Geräusche zu ertragen,
die der Baum an sich vorüberziehen ließ.

Ritzt ein Messer den Stamm,
dann bricht die Rinde auf,
und wie bei allen Kreaturen dieser Erde
rinnt ein Saft heraus, in Drachenblutfarbe.

Der Mensch raubt diesen Saft
und fabriziert draus einen Lack zum Imprägnieren und
                                                                Grundieren.
Die schützende Sphäre das Schweigens aber
läßt sich der Baum nicht entreißen, sie übersteigt
menschliche Horizonte.

                                                                       (1980)

SEKIYŌFU   ABENDSONNEN - ZONE
Sekiyōfu

Requiem für einen gewissen Verstorbenen

Der Mann, versunken in sein Werk,
hatte sich hinten in Fels verwandelt.
Zur Erdachse hinfließender Überschuß an Kraft.
Um Ruhe in einsamer Nacht zu finden,
stürzte er sich grimmig schnaubend
in den Kampf mit den Schriftzeichen.

Blüten, so schön sie auch sind,
dauern nicht lange.
Unter ihren endlosen Schauern
sinken die ‚Acht Brücken dieser Welt' ins Abenddunkel.*

Jetzt war da einzig die Große Kraft,
die rasch sich wandelnde in Gestalt von Baum Gras Blüte,
erfüllte den Raum,
lockte, entführte den Mann:
„Auf Reisen!"

Und fort ging es, mit ein paar guten Pinseln, ein paar Rollen,
in die jungfräulichen Gefilde weißen Papiers,
erwartungsvolle Fahrt in tiefe Nacht.
Der Mann verwandelte sich hinten nach und nach in Fels.
Der Fels beschwor die Himmelsröte,
tauchte den Pinsel voll in ihre Strahlen
und schrieb:
Mädchenscharen spielen in der Abendsonne,
*Wind kommt auf, die Straßen sind voll Duft.***

(1980)

---

* Anspielung an eine berühmte Stelle des Ise monogatari, Abschnitt 9. Vgl. Schaarschmidt, S. (Hrsg.): Das Ise-monogatari – Kavaliersgeschichten aus dem alten Japan. Frankfurt/M. 1981, S. 13.

** Zitat aus einem Gedicht des chinesischen Dichter-Mönchs Han-shan (jap. Kanzan, vermutlich spätere Tang-Zeit). Das Zitat steht am Anfang als Motto in chinesischen Zeichen, am Schluß in japanischer Kambun-Lesung. (*Anm. des Übersetzers*)

SHIFU   GEDICHT - ZONE
Shifu

Gedichte schreiben!
Wie was warum auch immer, Gedichte schreiben!
Hier schreibe ich, ich kann nicht anders.
Im Wahnsinn schreiben.
Tanzend schreiben.
Sterbend schreiben, im Sterben schreiben.
Kommt ein Löwe daher, zieh ihm die Haut ab
und schreib drauf!
Kommt der Buddha, schlepp ihn herbei, häng dich ihm an,
bis er umfällt, werde zum Frevler
und wische ehrfürchtig die Spiegel des Ewigen,
seine Pupillen.

Gedichte schreiben.
Wie was warum auch immer, alles Dichtung!
Schau doch nur, schau:
Sie sprießen hervor, allmählich, die Wörter,
ein Haar ums andere zeigt sich:
Wörterhaare.
Sie sind das Gras dieser Erde.
Händeklatschen für das Wort,
das den endlich aufgetauchten
‚Guten Einfall' herbeibringt.
Fata Morgana des Worts, das dem entschwundenen
‚Guten Einfall' nachjagt.
Schreit ein Wort:
„Ah, endlich hab ich's geschafft,
mich an die Kandare zu nehmen",
dann gratuliert die Hölle:
„Komm schon,
ich helf dir ins Jenseits!"

Gedichte schreiben!
Wie was warum auch immer, Gedichte schreiben!
Hier schreibe ich, ich kann nicht anders.
In dieser Gedicht-Zone

gibt's keine Aussichtskanzel.
Keine breite Straße. Keinen Flugplatz.
Auch keinen Friedhof.
Stich mal
auf die vagabundierenden Gespenster ein:
Klappernde Knochen!
Sie können nicht völlig sterben, sondern wimmeln
mit Irrlicht-Schweifen durcheinander.

Im rasenden Menschengetümmel aber
treiben Gedichte Knospen,
vergleichbar der Handfläche eines Säuglings,
sprießen unbemerkt, öffnen sich,
ziehen lockere Wirbel in den Morgendunst,
öffnen sich unbemerkt, fallen
und füllen jeglichen Raum
– daß einem fast übel wird –
mit ihrem wundersam süßen
kaum merklichen Duft von Abwesenheit.

(1979)

CHŌFU VIII   (VORSTADT - ZONE VIII)
Chōfu VIII

Einer gewissen Dame ins Stammbuch

Ein gutes Gedicht lesen, das ist eine Freude,
wie verhaßt einem der Mensch auch sein mag,
der es geschrieben hat.

Dieser geringfügige Umstand
rührt an ein Geheimnis der Poesie.

Ein Geheimnis, kaum der Rede wert, gewiß.
Aber nicht zu bestreiten,
wie man's auch dreht und wendet.

(1980)

SUIFU   WASSER - ZONE
Suifu

Um auf ihren Grund hinab zu steigen,
braucht man die Wasserfall-Leiter. Es gibt keine Treppe.
Kommt einmal zur Trockenzeit,
wenn der Wasserspiegel sinkt,
unverhofft eine Mittagsstunde mit klarblauem Himmel,
dann spute dich hin zum ‚Ahorn-Steig', dem Selbstmörderfelsen.
Bist du kein Selbstmordkandidat,
ist leider dein Blick nicht scharf genug.
Aber dennoch wirst du vermutlich
das Walddickicht erspähen,
das sich dunkel am Grund des Strudels wiegt.

Freilich, so gute Ohren du auch haben magst,
die folgende Rede aus dem Strudel wirst du nicht erfassen.
Ob du dran glaubst oder nicht, ist deshalb eine Frage
deiner Fähigkeiten, richtig, deines Talents.
Höre!

„Wenn sich lebendige Kreaturen Berg und Fluß zuwenden,
dann wisse: für jede ist Land wie Wasser einzigartig und nie das
                                                                                                  gleiche.
Einige sehen im Wasser glitzernden Kristall,
doch vermögen sie nicht, Kristall als Wasser zu trinken.
Für Karpfen und Karauschen ist das schwankende Walddickicht
im Wasserstrudel ein Palast mit Perlen.
Doch gibt es auch feige Seelen, die schrecken zurück bei diesem
                                                                                                  Anblick,
als wär's ein haarsträubender Nadelberg.

> *Ohne Zweifel gehörst Du zu dieser Sorte.*
> *Doch sollst Du Dir deswegen*
> *keinen Vorwurf machen.*

Und wieder sind da Wesen, die betrachten das Wasser als
                                                                                    seltene Blume,
doch können sie Blumen nicht kochen und trinken.

Dann gibt es jene Kerle, die machen aus lauterem Wasser
                                    loderndes Feuer,
und andre, die machen aus lauterem Wasser Blut und Eiter,
und wieder andre, die machen aus lauterem Wasser Luft und
                                      Leere.

    Ohne Zweifel gehörst Du nicht zu dieser Sorte.
    Es müssen wohl Teufel sein! Doch wiege Dich deswegen
    nicht in Sicherheit. Vergiß nie, daß das Wasser
    nicht nur fließen kann.

Wenn sich lebendige Kreaturen Berg und Fluß zuwenden,
dann wisse: Für jede ist Land wie Wasser einzigartig und nie das
                                      gleiche.
Wisse: Ein jedes Wesen mit Menschengesicht, mit Händen, Füßen
ist einzigartig und nie das gleiche.
Wisse: Es gibt kein Auge, das in gleicher Weise,
als ein und dasselbe die Welt betrachtet.

Oh, und falls Du trotzdem glaubst,
der Morgen erscheine unaufhörlich
über Menschen und anderen Kreaturen,
der gleiche Morgen, ganz gewiß und unaufhörlich,
falls Du das glaubst – warum?
auf welchem Grunde stehend?
Sprich!

Sprich!"

Da wallt aus dem Strudel
das Wasser empor
und verschluckt den ‚Ahorn-Steig'.

Du aber, ach, du sitzest noch immer
am Mittagsstrand unter klarem Himmel,
paffst vor dich hin in aller Ruhe
und schaust auf das Gewoge, wie es an die Felsen schlägt.
Denn außer dem Tosen des Wasserfalls
hast du zu deinem Glücke
nichts gehört.   (1979)

IN DER GRASZONE
Sōfu nite
1984

POETISCHES PRINZIP
Shi no genri

‚Licht' und ‚Schatten' sind keine Begriffe.
Sie sind ein Prinzip.

All die jungen Menschen,
welche die Jahrhunderte formten,

waren ausgemachte Asketen. Gleichzeitig
waren sie Anbeter der blendenden, honigsüßen Unzucht.

‚Yin' und ‚Yang' sind keine Begriffe.
Sie sind das Prinzip, das die Gewitterwolken zeugt.

(1980)

ICH, DER FREMDE
Watakushi to iu tanin

Was für ein Tor   dieser Mann
Schon winkt die gesegnete Bucht vor seinen Augen

doch eifrig entfacht er das Feuer lyrischer Rede
will ein anderes Schilfgefilde vom Himmel herunterbeten.

(1977)

ZIEGENHIRT
Yagi o kau

Als ich fünfzehn war

Eine Ziege halten
ist nicht so einfach wie es scheint

Ist's eine Ziege   dann gibt sie wenigstens Milch
aber ich halte mir einen Ziegenbock

abgemagert bis auf die Knochen   nicht anders als die Menschen
Bis letztes Jahr herrschte der Große Krieg   Jetzt sind wir
geschlagen

Der Mann der schönen Frau nebenan
gefallen   ihr einziges Kind gebrechlich

Mein Vater   kranker Poet   kann sich nicht mal Schwarz-
marktreis beschaffen
hält sich auf seine Armut was zugute   schleppt seit er zwanzig war

den Traum mit sich herum: Wörter zu fressen und Tankas
auszuspeien
Tinte zu schlürfen und sich in einen Brocken Trübsal zu
verwandeln

Ich selber ein Lehrling vor dem Tor
wird's Frühling   drechsle ich auch ein paar Verse

Wie ich am Berg
die Erde umgrabe
da kollert
eine Kartoffel vom letzten Jahr
mit langen Sprossen mir vor die Füße

Der Freund und ich
zu zweit bestellen wir das Feld
Oben auf dem Damm

        fährt quietschend und knarrend
        ein vollbesetzter Zug vorbei

In der Ecke eines gedungenen schattigen Ackers
ziehe ich schwächliches Blattgemüse Kartoffeln Hirse Erd-
                                              nüßchen

Ich nage an Süßkartoffeln   so dünn wie Mäuseschwänze
notiere am Pult eines Drei - Matten - Zimmerchens Straßen-
                                                kinder-Tankas

                        Sie strecken die Hand aus
             ernten Schelte   Verwünschungen
                              verziehn das Gesicht
                         zu einem leisen Grinsen
                     und gehn weiter – die Kinder

                                    Ein Mann
                     starrt die Kinder drohend an
                              während er ißt
                        Sein weißer Reiskloß
                        dringt in ihre Augen

Ich halte mir einen Bock   laß ihn Bambusgras fressen
am Kangawa-Flußdamm   traktiere ihn manchmal mit
                                                     Fußtritten

Obwohl beinmager ist er höllisch stark
Wenn ich von ihm mitgerissen des Weges komme   lachen die
                                                                    Leute

    Was! Isch ja a Bock diese Geiß!
    Hat auch so seine Mucken   der Makoto!

Was denk ich bei all diesen Hänseleien?
Nicht mal Shakamuni hat eine Ahnung

Unnützer Bock! Dieser Freßsack!
Aufdringlich zerreißt sein Gemecker die Luft

Er zeigt kein Zutrauen zu seinem Meister   mißachtet den
                                                                            Halsstrick
keine Spur Anmut eines Vogels im Käfig   ein übellauniges Wesen

Bock!   warum ich dich halte
fragen meine darbenden Artgenossen

      A Geiß gäb wenigschtens Milch
      aber deine Geiß isch a Bock   hat och ka rechts Fressen

Ich lächle nur schweigend   gehe weiter
Wollen *die* etwa behaupten

sie hielten keine abgemagerten Böcke?   hätten nie welche
                                                                            gehalten?
Nicht jetzt?   und auch nicht in der Todesstunde?

      Aufschießendes Sommergras –
         doch niemals auszumessen
            die Höhe der Luftgespinste

(1984)

INS MUSEUM
Bijutsukan e

Erstmals im Leben
in einem Kunstmuseum –
was mir geblieben ist:
plötzlich mit angehaltenem Atem
ging ich von Raum zu Raum

Unter den Bildern die da Schulter an Schulter
an der Wand standen
war hie und da eines
das mich fest ins Auge faßte
Das ängstigte mich
und berauschte mich

Anzeichen
eines prüfenden Blicks von drüben
füllten den Abstand zwischen dem Bild und mir
mit unaussprechlicher Ferne
und ich wurde daselbst
ein tausend Meilen durchfliegender
verzückter
Traumwandler

Damals erfuhr ich:
schauen
heißt angeschaut werden

erstmals im Leben
in einem Kunstmuseum

(1981)

HERBSTLICHES PROSIT
Aki no kanpai

Ah   schon ziehen sie südwärts,
die kanadischen Wildgänse.

Herbst
kommt von Norden herab
in den ‚Staat der Großen Seen'.

Über die allenthalben gespannten
elektrischen Drähte (wirklich, mit Vorliebe!)
huschen nußkernbeladen die Eichhörnchen.

Unaufhörlich kreisen ihre Schweife wie beim ‚Löwentanz',
frohe Erregung durchzittert den Luftraum.

Gibt es bei euch auch
das Leiden der Zuckerkranken?

Habt ihr auch
Stärkungsmittel aus erlesenen Baumfrüchten?

Besitzt ihr ebenfalls
in Höhlen am Seeufer
kommunale Kulturzentren der Eichhörnchengesellschaft?

Dieses Amerika mit seiner übermächtigen
sogenannt ‚kleinen Regierung'
lechzt nach Kernen Kernkraft nuklearen Waffen
und läßt auch über euren Köpfen
sein gieriges Zungenschnalzen hören.

Kennt ihr auch
liebevolle Bande zwischen Ehepartnern?
Habt ihr auch
die großen und kleinen Verpflichtungen
die jegliche Freundlichkeit zunichte machen?

Der Mensch klammert sich an seine Eroberungsträume
an Silbersättel weißer Pferde oder Interkontinentalraketen.
Reichgewordene schwelgen in wilden Phantasien
von Luxus, Imperien, Kolonien.

Und wenns vorbei ist
zerfasert alles
bis auf den Kern der Fadenspule
verschwindet im Nu auf die andere Seite.
Doch bis dahin ist Leben,
bis dahin lechzen die Sechs Begierden
nach Erfüllung.

Ah   schon neigen sich südwärts
mit ganzem Körper die mächtigen Trauerweiden.

Am andern Ufer leuchtet feuerrot
das Buschwerk der Eberesche
Herbstglut
streckt ihre Krallen aus.

Und weiter hinten wo der Nordwind einfällt
schon tiefster Herbst
in Kanada.

Kein Schwan mehr auf dem See
scharlachfarbener Seidenkrepp der Wasserfläche.
Zerreißt ihn nur
ihr Möwen
mit eurem komisch-heiseren Gekrächz
zieht Furchen ins Wasser
meines lastenden Schweigens.

Jenseits – tausend Meilen entfernt
leidet mein Vater
leidet die Mutter.

Der kranke Waka-Poet   mein Vater
irrt – nicht minder heftig
als der falsche Graf Maldoror –

durch Schreckenswelten der Einbildung.
Der brandgeschatzte Speicher seines Gedächtnisses
steht in Flammen.
Selbst auf tausend Meilen
spüre ich die Hitze.

Ah   ganz allein
im Finstern wandern,
Heulen, zorniges Zähneknirschen.
Jeder hat ein Leben, andern unbekannt.
Auch mein Sohn zum Beispiel
trägt stille Wasser in sich
die nicht einmal der Schwanz einer Bachstelze
berühren darf.

Wie auf einem Tuschbild
verdämmernd der Michigan-See   am Ufer
ein Haus   drinnen hinter der Glastür
ängstlich besorgt
um Fröhlichkeit bemüht
warten T und K
mit einem raren violetten Likör auf.

Was für ein winziges Gefäß
ist doch der Mensch
gemessen am unergründlich wilden Ozean
der in seinem Innern brodelt!

Stoßen wir an?
Leise nur, leise?

Prost.

(1981)

DRAUSSEN DER SCHNEE
Soto wa yuki

Was Hammer und Meißel herstellen:
Vollendete Form des Formlosen

Was Wörter und Atem herstellen:
Beginnende Form des Formlosen

                            (1977)

TRAUM VOM LEBENDIG MACHENDEN GEDICHT
Shi ga hito o ikasu yume

Der bengalische Dichter   ein mächtiger Strom.*
Ich   ein kleine Muschel auf seinem Grund.

Ein Traum wie immer: Wenn ich bis an die Grenze des Todes
                                                    schrumpfe,
wird aus dem Traum womöglich mehr,

ein Augenblick Ewigkeit durchbohrt mich, läutert mit eisigem
                                                    Schwert
dieses Gefäß voller Unrat bis in alle Winkel.

Und in diesem Eisschwert hört man es rauschen und kreisen:
Schmelzwassersprudel vom heiligen Berg.

(1980)

---

* Anspielung auf den bengalischen Dichterfürsten Rabindranath Tagore (1861–1941). (*Anm. des Übersetzers*)

WAS IST DICHTUNG?
Shi to wa nani ka
1985

HISTORY
Historii

Als man dem getöteten Mann seine Lumpen abstreifte
zeigte sich der nackte Körper
eines strahlenden göttlichen Jünglings

Als man die Lumpen auswrang
tropfte daraus die Zeit von tausend Jahren
floß über
wurde zum mächtigen Strom

Bei näherem Zusehn
hatten wir uns in Frösche verwandelt
weit herab an den seichten Schnellen des Unterlaufs
hatten mit rohem Freudengeheul
soeben den Krieg wiederentdeckt

Die größten Genies unter uns
zählen sich
zu seinen Erfindern

(1984/85)

SECHS ZEILEN ALS ABBITTE GESCHRIEBEN
Ayamatte kaita rokugyō

Herr Saisei*
bitte gnädigst um Verzeihung
Sie waren ja der Meister
der mit Stolz verkündete
er habe ein Leben lang
ausschließlich lyrische Gedichte verfaßt

(1984/85)

---

* Der Dichter Murō Saisei (1889-1962). Das Gedicht verweist wohl indirekt darauf, daß Ōokas eigene Werke keine lyrischen Gedichte im hergebrachten Sinn sind. (*Anm. des Übersetzers*)

ACHTZEHN ZEILEN IM ZORN GESCHRIEBEN
Okotte kaita jūhachigyō

Noch nie ist mir zu Ohren gekommen
ein Kartenmacher habe die ganze Welt
bis in alle Winkel selber abgeschritten
bevor er seine Karte zeichnete
Darum Genossen
Gedichtemacher
seid beruhigt! auch wir wollen
selbstbewußt den Poesie-Atlas
bis in alle Winkel füllen
Mag das Insel-Eis
noch so gefährliche Spalten bergen
wir fallen
nicht hinein
wir fallen immer nur aufs Papier
Und wenn wir wirklich ins Dunkel fallen
ist der Gedicht-Atlas
bereits in anderen Händen

(1984/85)

TEXT UND LEBEN
Bun to jinsei

Beim Schreiben eines Textes gilt es
Kommas
Punkte
Klammern
Anführungszeichen
präzis   ohne Fehler zu setzen

    So jedenfalls ist man erzogen und geschult . . .

Bedenkt man's   hat auch das Leben selbst
Kommas
Punkte
Pünktchen
hat in Klammern gesetzte wegzuschiebende Erinnerungen
hat Zeiten die man einfach „streichen" möchte
hat auch Tage   die selber zu Kommas verkommen sind
und nur so am Boden kauern

Als Junge
hat sich mir der Spruch
eines europäischen Dichters eingeprägt

    Älter werden   heißt die eigene Jugend
    einzuordnen in den Lauf der Jahre *

Auch dieser französische Poet
hat sein Leben unausweichlich
nach Kommas und Punkten unterteilt
hat es beladen bis zum Ende
mit Regentraufen !!!
Ohrläppchen ???
und doppelten Gänsefüßchen „ "
Das gibt seinen Versen
ihren Sinn

Seine beiden Zeilen aber
haben sich mir in den Kopf gebohrt
mit spitzen Schwertlilien-Dolchen
ohne Punkt   ohne Komma

Ängstlich niederblickende Kommas
Selbstbewußt dasitzende Punkte
Mit ihren je eignen Gesichtern
lebe ich   gehe hin und her
            zwischen heute und morgen
                    heute und gestern

Und manchmal befehle ich mir:

            ordne sie ein   deine Jugend
            in den Zeitlauf deiner unentwegt
            dem Tod zueilenden Tage

            doch   ach
            denk nicht im Traum daran
            sie je zurückzuholen!

(1984/85)

---

* Verse aus dem Gedicht „Ailleurs ici partout" von Paul Eluard. Im Original: *Vieillir, c'est organiser / sa jeunesse au cours des ans.* In: Eluard, Poésie ininterrompue II. Paris, Gallimard 1953. (*Anm. des Übersetzers*)

SCHNEE MOND BLÜTEN
Setsugekka

In jungen Jahren
versah der Dichter Po Chü-I* ein hohes Amt
und verbrachte einige Jahre
an den Ufern des Westsees   der Perle von Kiang Nan

Von früh bis spät bei Saitenspiel
bei Poesie und Wein
ging er mit Leib und Seele auf
im geselligen Kreise glänzender Gestalten

Aber die Jahre gleichen dem Schatten des Schimmels
der hinter einer Wandspalte vorbeiflitzt
die Kumpane verliefen sich
und auch Besucher blieben aus

Traurig wandte sich der gealterte Dichter
an einen gewissen Herrn In   seinen frühern Freund
– jetzt aber tausend Meilen hinter den Wolken –
und schrieb

> *Die Musizier- Dicht- Trinkgefährten*
> *alle verließen sie mich*
> *bei Schnee Mond und Blüten*
> *denk ich besonders an dich*

Seit Heian-Zeiten liebten unsere Ahnen
diese Verse über alle Maßen
liebten und verdauten sie millionenfach
in ihren Eingeweiden

bis es sich irgendwann entschied:
Schnee Mond Blüten
in diesen Worten findet überlieferte Schönheit
dieses Yamato-Landes ihren reinsten Ausdruck

Heißt es nicht: Dichterleid ist Leserfreud?
eine Formel die immer gut ankommt
aber kann man sich wirklich damit begnügen?
– Was hätte Herr Po wohl dazu gesagt?

Lieder der Leidenschaft der Klage der Entrüstung
zu sezieren   in klarem Wasser zu bleichen
um sie dann als Zukost glänzender Festgelage
oder beschaulicher Teehaus-Zirkel vorzutragen

das ist so recht nach dem Geschmack
von Yamato
der unausweichlich unentrinnbar guten alten Heimat
Yamato

(1984/85)

---

* Po Chü-I (772-846), Dichter der mittleren Tang-Zeit. Er schrieb das zitierte Gedicht im Jahre 828, also im Alter von 57 Jahren. (*Anm. des Übersetzers*)

KIEFER BAMBUS PFLAUMENBAUM
Shōchikubai *

                Die Blätter fallen
                      und schon recken sich
                            neue Knospen
                knorrig hart hervorstehend
                    dem Winter entgegen

Kiefer

Jede einzelne Kiefer hat etwas Erhabenes
‚Das Rauschen der Kiefer' – ein Ausdruck
kaum auf andere Bäume übertragbar

Wie in Streifen zieht sich das Rauschen hin
noch immer erfüllt vom Geflüster der Liebenden
aus unzähligen Jahren

Und auch der Kiefernspinner
nimmt nur deshalb überhand
weil der Baum
königlichen Wohlgeschmack
in Fülle bereithält

Bambus

Welch ein Wiegen und Wogen
der Bambusrohre
als wäre soeben in jenem Wäldchen
ein Monsun-Kind zur Welt gekommen
als riefe es ‚Regen'   packte die Windbö
und lachte zum erstenmal in seinem Leben:
zah– zah–

Wahrhaftig   Bambus
ein Gyroskop der Natur
schwingend und schwankend
doch immer unbeirrt zum Himmel weisend

Sie müssen wohl völlig durchgewalkt sein
die sieben Weisen im Bambushain**

Pflaumenbaum

Einmal brach ich aus Versehen
einen Rotpflaumenzweig kurz vor der Blüte

Die Farbpigmente schossen
wie eine Heerschar
die die Hauptstadt überfällt
gegen die Knospen zu

An der Bruchstelle
wurde daraus frisches Blut
stach mir in die Augen

Das Unheimlichste aber war
daß sie nicht
tropfte
die Lebens-

farbe!

        Da der Morgen dämmert
              Scharen von Wintervögeln
                      wie eine Springflut
      Ist das wirklich mein Garten?
           Kaum zu glauben!

(1984)

---

*   Kiefer, Bambus und Pflaumenbaum wurden schon in China als die drei Freunde, die der Kälte trotzen, bezeichnet. In Japan seit dem 9. Jahrhundert immer wieder beschworene Symbole des Glücks und der Langlebigkeit.
** Die sieben Dichter und Gelehrten trafen sich in den Jahren um 260 n. Chr. in den Bambuswäldern von Hunan zu geselligen Disputationen. Sie wichen so den kriegerischen und politischen Wirren aus, die 264/65 zum Wechsel von der Wei-Dynastie zur Chin-Dynastie führten. Die Sieben Weisen wurden später zur Legende und zum beliebten Motiv der Malerei. (*Anm. des Übers.*)

IN PECHSCHWARZER NACHT RÜCKT DER HIMMELSSTAUBSAUGER HERAN
Nubatama no yoru, ten no sōjiki sematte kuru
1987

IN DER ART GOETHES
Gyoete fū

Alles in der Welt
läßt sich ertragen
nur nicht eine Reihe
von glücklichen Tagen
Darum verlieh Gott
dem Vergänglichen nur
das vergängliche Kleid
und zugleich das Wesentliche
in dieser Welt: die Schönheit
Abglanz des Ewigen

Die Verse 1-4 stammen aus Goethes Gedicht „Sprichwörtlich". U. a. in: Goethe, Artemis-Ausgabe Bd. 1. Zürich 1950 S. 423. Ōoka ersetzt allerdings das originale ‚schön' durch ‚glücklich'.
Die Verse 5-10 nehmen Bezug auf Goethes Distichon Nr. 35 aus „Vier Jahreszeiten". U. a. in: Goethe, Münchener Ausgabe Bd. 4.1. München, Hanser 1988, S. 836:

Warum bin ich vergänglich, o Zeus? so fragte die Schönheit.
Macht' ich doch, sagte der Gott, nur das Vergängliche schön.

(*Anm. des Übersetzers*)

„ZIVILISATION" UND „KULTUR"
‚Bunmei' to ‚Bunka' no ron

Bei Vico* findet sich die Drei-Stufen-Theorie der Geschichte
Nach seinen Worten:
Die *Zivilisation* durchläuft in der Regel
drei verschiedene Stufen

    1. Der Mensch imaginiert die Götter
    2. Der Mensch schafft den Mythos der Helden
    3. Der Mensch betrachtet alle Dinge aus der Perspektive des Menschen

In Anlehnung an Vico
verkündige ich meinerseits:
Die *Kultur* schließt gleichzeitig drei
verschiedene Stufen ein

    – Die Götter imaginieren den Menschen
    – Der Mythos schafft die Helden
    – Der Mensch betrachtet den Menschen aus der Perspektive der Dinge

---

* Giovanni Battista Vico (1668-1744), Begründer der Geschichtsphilosophie.
(*Anm. des Übersetzers*)

SONDERBARES FRAGMENT
Hen na danpen

Einst
im Flugzeug
sah ich
unvermittelt vor dem Fenster draußen
– nicht etwa Superman oder den Weltraumvogel –
sondern ein runzliges Männchen
von dünnem Eis überzogen
mit verzerrter Fratze
gefurcht wie eine topographische Karte
des Himalaya
das sich   um ja nicht hinunter zu fallen
eng an den Rumpf klammerte
und mit tonloser Stimme brüllte:
Laß mich rein!

Diese von Todesängsten
gemarterte Menschenspinne war
wie es mir gleich geschwant hatte
ich selber

Auge in Auge
unterwegs mit dem runzligen Männchen
bis es endlich weggerissen wurde und verschwand
diese Erfahrung zeigte mir meine Art zu leben
– wohlgenährt von der Flugzeugkost
und im Vertrauen
auf die illusionäre Sicherheit eines Sitzgurtes –
in einem unsäglich schäbigen Licht
Mein Dasein
ein Pappenstiel

ZURÜCK IN TŌKYŌ
Tōkyō ni kaetta

In Tōkyō
gibt's massenweise Menschen mit Leute-Gesichtern
Manchmal entdeckt man auch welche mit Blütenblatt-Ohren
oder einem Nuß-Kinn   gewiß
und gelegentlich mischen sich Menschen
mit tief eingegrabenen Schriftzeichen-Fältchen in den
                                                Augenwinkeln
oder mit Notenlinien-Brauen in die Menge
Aber im ganzen gesehen
überfließt Tōkyō von Leute-Gesichtern
Man denkt:
sei's drum!
von Städten ist ja nichts andres zu erwarten
Doch wie ermüdend
immer ein Leute-Gesicht zu machen
und wie ermüdend
die Zeit nur unter Leute-Gesichtern zuzubringen
Wenn in der vollbesetzten Bahn
wenigstens e i n Sternbild-Gesicht
oder eines mit Ozean-Augen auftaucht
spür' ich ein heimliches Sehnen

BOTSCHAFT AN DIE WASSER MEINER HEIMAT
Kokyō no mizu e no messēji
1989

GEBURTSTAG
Tanjōsai

Und wieder kommt die Jahreszeit da sich der Wassermann am
                                        Himmel neigt

Vor über fünfzig Jahren
an einem dämmrigen Morgen Mitte Februar
roll' ich aufs Bett hinaus – ein Schrecken
der mich nicht losläßt
der wieder auflebt

Was für ein krebsrotes
schreiendes Ich in der Wanne
o je   bis zum Pimmelchen alles vorhanden
schon wieder ein Kleinod zur Welt gekommen
für die Schlachtfelder des Vaterlandes

Doch bleibt ihm Kommandogebrüll erspart
und der Tod im Bombenhagel
niemanden braucht er mit Schwert oder Flinte zu schädigen
dieser Glückspilz   der da noch quabblig weich
in der Wanne wimmert

Mit verkehrter Brille
starre ich auf das Kind
ungläubig staunend   voller Angst

                                                  (1987)

DER ANFANG DIESER WELT
Kono yo no hajimari

Auf der Mattscheibe flimmert ein Klumpen
zerriebnen Gesteins von einem Murchison-Meteoriten,
versiegelt in einer Glasretorte
und über dem Gasbrenner erhitzt.

Aus dem Stein entweicht allmählich Dampf,
durchzieht das Glasrohr und wird zu Wasser.
 Wiederbelebtes Wasser, gleich alt wie das Sonnensystem:
4,6 Milliarden Jahre!

Diese plötzliche, mystische
Verflüchtigung von Zeit.

Früher einmal schrieb Goethe mit Stolz:
„Der Mensch ist sozusagen das erste Gespräch
Gottes mit der Natur."*
Doch trifft das wirklich zu?

Das erste Gespräch Gottes mit der Natur
war schon längst zu Ende in einer fernen Urzeit,
als es noch keine Spur des Menschen gab.

Der Mensch geht rückwärts, immer weiter, nur
um pochenden Herzens
dem Gespräch zu lauschen.

(1988)

---

* Der originale Wortlaut konnte nicht eruiert werden. (*Anm. des Übersetzers*)

LEBENSFADEN
Inochizuna

Dank Ariadnes Fadenspule
überwand Theseus das Ungeheuer
den labyrinthischen Minotaurus
und kehrte als einziger lebend zurück

Den Faden abspulen   hinein in den Irrweg
den Faden einholen   zurück zum Eingang
Ein simpler Einfall
der das Wesen des Labyrinths total veränderte

Die eine einzige Leine
die uns über der Hölle aufhängt
und zugleich vor dem Absturz rettet –
treffend   sie Lebensfaden zu nennen

Wie sehr gleicht mein ganzes Leben Theseus
seit ich an der Nabelschnur baumle!
Ich klammere mich an den Lebensfaden
schweife umher als ständiger Wandrer

Doch zuhinterst hinten an der Nabelschnur
schimmert noch immer in mattem Glanz
Uterus   der mich zur Welt gebracht
als gewaltiges Labyrinth der Zukunft . . .

(1987)

YASHIMA EINSTMALS
Yashima* no mukashi

1. Lied eines Edlen aus der Heike-Sippe

Mit Himmelsfarbe
im Herzen will ich mich
ins Wasser stürzen
Auch am Grunde der Wellen
sagt man wartet ein Frühling

2. Lied eines Kriegers aus der Genji-Sippe

Blauer und blauer
färbt sich das Wasser morgens
Aber die Stimmen
von allerart Fischen
wehe sie sind verstummt

3. Lied der Fischer auf den Shiwaku-Inseln**

Es wimmelt nur so von Brassen
draußen in steigender Flut
und ist die Schlacht vorüber
sind auch die Ähren reif
und ist die Schlacht vorüber
sind auch die Ähren reif

(1988)

---

* Yashima. Ort an der Nordküste der Insel Shikoku, wo im Jahre 1185 eine der berühmtesten Schlachten der japanischen Geschichte, zwischen den rivalisierenden Sippen der Heike (Taira) und der Genji (Minamoto), stattfand. Sie endete mit der völligen Niederlage der Heike, die sich hier und später bei Dannoura ins Wasser stürzten.

** Shiwaku. Inselgruppe in der Inlandsee unweit von Yashima.
Während die beiden ersten Gedichte in der Gedichtform der Oberklasse, der Tanka-Form, gehalten sind, hat das dritte Gedicht die Form eines mittelalterlichen Volkslieds. (*Anm. des Übersetzers*)

ALSO SPRACH DER ZUGVOGEL
Wataridori   kaku katariki

Der Mensch nennt meinen unendlichen Flug
„Astronomische Navigation der Vögel"
Was für eine vollmundige Phrase!

Ich trotze den Stürmen
überquere die Meere
nur auf Geheiß der Desoxyribonukleinsäure

Ich komme   wie alles Lebendige
aus dem Urquell reiner biogenetischer Zeit

Ich bin nicht   wie menschliche Staaten oder Zivilisationen
Teil der Geschichte

(1986)

LEICHT BESCHWIPST
Bikunshi

Goethe sprach:
„Lieblich ist des Mädchens Blick, der winket,
Trinkers Blick ist lieblich, eh' er trinket,
Sonnenschein im Herbst, der dich besonnte."*

Flüssiger Bernstein dringt mir
durch Eingeweide und Glieder   ich höre sogar
den leisen Atem der schlummernden Berge des Meeres

Der Archäopteryx prescht durch die Farne
ich stehe vor einem jurazeitlichen Abendrot

Plötzlich entsinne ich mich:
einst lebte ich ja im 20. Jahrhundert
entsinne mich nach und nach manch schöner Dinge

möcht' auch mit allen früheren Feinden
Frieden schließen unter dem Dattelbaum**
am Tisch im Schatten

Beim Wein kommt's auf die Sorte an!

(1986)

---

* Goethe: ‚West-östlicher Divan', Buch der Betrachtungen.
** Die fünfte Strophe nimmt einen Vers aus einem Schulgesang von 1910 auf, der den Friedensschluß im russisch-japanischen Krieg zwischen General Nogi und General Stoessel verherrlicht. (‚Suishiei no kaiken', Das Treffen von Suishiei. Verf.: Sasaki Nobutsuna). Der Vers lautet: „Niwa ni hitomoto natsume no ki" – „Im Garten steht ein Dattelbaum." (*Anm. des Übersetzers*)

EINDRUCK EINES HOLLÄNDISCHEN DICHTERS
Aru Oranda shijin no inshō

Wenn ein schmächtiger
unstet wirkender Kerl
mit protzigen Gedichten auftrumpft
macht das in der Regel wenig Eindruck

Wenn aber ein Hüne
mit derbem Gesicht
und dicker Schuhsohlen-Haut
zarte poetische Dreizeiler schreibt
das berührt einen –
wirklich!

(1986)

BOTSCHAFT AN DIE WASSER MEINER HEIMAT
Kokyō no mizu e no messēji

Sieben Zehntel der Erdoberfläche bestehen aus Wasser
auch der menschliche Körper zu sieben Zehnteln
Es gibt keinen Zweifel: Wasser fühlt unsere tiefsten Gefühle
denkt unsere tiefsten Gedanken

Dieser Schwarm von Quellen
der da aus dem Boden schießt
An diesem Urmund hängt gierig alles Organische
was sich mit pulsenden Adern auf der Erde tummelt

Aus diesem Munde saugen sie das Leben
und glitzern   die Gründlinge Schmerlen Elritzen

Aus diesem Munde saugen sie das Leben
und fliegen   die Bachstelzen Reiher Haubentaucher

Aus diesem Munde saugen sie das Leben
und setzen ihre Brut am Grunde ab
die Leuchtkäfer Wasserjungfern Blauflügellibellen

Aus diesem Munde saugen sie das Leben
und tanzen   die Muschelfalter
und laichen   die Bachforellen

Wer dieses Wasser trübt
– und wär' er noch so sehr
der liebe Nachbar mit der Pflanzenspritze –
bringt Tod dieser Erde   Tod dem Menschenherzen
Wer dieses Wasser mit dem Geld der Städte raubt

um Kresse und dergleichen zu begießen –
der wird auch rücksichtslos
mit Ölen Saucen aus zweitklassigen *French Restaurants*
den dunkel-kühlen fernen Ort besudeln
wo alle Lebewesen
ihre letzte Heimstatt finden

In Shimizu-chō (Bezirk Sunto, Präfektur Shizuoka) findet sich die Quellgruppe des Flusses Kakita mit einem Wasserausstoß von über 1 Million Tonnen pro Tag. Es handelt sich um eine hier hervortretende Wasserader vom Berg Fuji. Viele äußerst seltene Fische, Vögel, Insekten und Pflanzen, wie z. B. das ‚Pflaumenblütenmoos von Mishima' (Mishima baikamo) sind hier beheimatet. Die wilden Entwicklungsbestrebungen der letzten Jahre haben dieses Flußgelände zum Privatbesitz erklärt und versuchen, den Wasserlauf, der sich des größten Quellausstoßes im fernen Osten rühmt, einem billigen Gourmet-Boom dienstbar zu machen. Im März 1988 wurde von Ansässigen das ‚Trust-Komitee für einen grünen Kakita-Fluß' ins Leben gerufen. Als ich der Aufforderung, eine Botschaft an die Wasser meiner Heimat zu schicken, Folge leistete, entfloß meiner Feder so etwas wie ein Gedicht. Ich füge es hier in überarbeiteter Form ein.
(Nachbemerkung des Autors)

In den mittleren Strophen werden z. T. seltene, spezifisch lokale Arten aufgezählt. Die Namen sind unübersetzbar, und eine nähere Kommentierung hätte hier wenig Sinn. Im Deutschen wurden geläufige, in etwa entsprechende Bezeichnungen verwendet. (*Anm. des Übersetzers*)

FRANKFURTER KETTENDICHTUNG
Furankufuruto renshi
1990

1.
In dieser Stadt wurde der Dichter des „West-östlichen Divans"
                                                            geboren
in westlicher, in östlicher Sprache beginnen wir heute morgen
                                                        unser Gewebe
auf dem Tisch: Kastanien   wie ein neues Sternbild
ausgelegt über grünen Blättern –
stachlige Schalen   aufs Festland gekrochene Seeigel

13.
Die Aktienkurse klettern hemmungslos
wann ist's Zeit, massiv abzustoßen?
ein Glück, nur diesen einen Gedanken zu haben!
Was mir Kummer macht, ist einzig: daß in letzter Zeit mein
                                                        Blutdruck
wie die Aktien drauflos steigt

20.
Was aber ist eines Bauwerks wichtigster Teil?
Unerläßlich sind Pfosten und Wand
Jedoch der wichtigste Teil ist
umgeben von Pfosten und Wand: der leere Raum
Weil Leere ist   finden darin ihren Platz
Menschen und Flöhe   wie auch die Dichter der ganzen Welt

24.
Auf dem Fuji   fast viertausend Meter über Meer
häuft sich Schnee – ein Teil ergießt sich hundert Jahre später
gefiltert durch verschlungene Wasseradern
als Quelle eines Städtchens vierzigtausend Meter südwärts
transparenter Wasserglanz   verwandelt   schimmernd
unerschöpflicher Schweiß der Gesteine

29.
„Wie dumm ein solches Leben,
wo man das vergnügte Tanzen lassen muß,
bevor die Kutsche sich zurückverwandelt in den Kürbis",
sagt murrend Cinderella, die in allen Frauen wohnt.
Manch eine weiß nicht ein und aus neben dem Kürbis.
Ah   wirklich ein gewaltiges Problem:
Soll man munter über die Lebenstreppe hüpfen,
selbst wenn die Füße wund sind von den gläsernen Schuhen,
oder soll man sich hinsetzen und den Kürbis mit Genuß
                                        verzehren?

37.
Wozu wäre wohl eine Maske nötig,
 wenn nicht dazu: durch Verdecken des Gesichts und Einengen
                                        des Blickfelds
dem Menschen die Augen über sich selbst zu öffnen.
Wozu wäre wohl Musik nötig,
 wenn nicht dazu: durch geschicktes Fügen von Tönen
einem Schweigen von kaum erreichbarer Tiefe zu dienen.

40.
Der Chef eines geographischen Verlags beklagt sich –
Ah es ist Herbst und immer wenn ich die Farben der Bäume
                                        sehe
verwünsche ich die Ost-West-Einigung
in einer einzigen Nacht sind meine kolorierten Karten
unbrauchbar geworden

viel lieber träumte ich von einer weißen Weltkarte
ganz zugedeckt vom jungfräulichen Schnee Alaskas

Im Rahmen der auf Japan ausgerichteten Frankfurter Buchmesse 1990 fand zum dritten Mal eine Kettengedicht-Veranstaltung zwischen deutschen und japanischen Dichtern statt. Beteiligt waren (neben zwei Übersetzern) Gabriele Eckart, Uli Becker, Ōoka Makoto und Tanikawa Shuntarō. Die Gedichtkette wurde zweisprachig bisher nur in der Zeitschrift *Hermes* Nr. 29, 1991 (Iwanami Verlag, Tōkyō) veröffentlicht. Für den vorliegenden Band wurden einige Beiträge von Ōoka, die auch unabhängig von der Gedichtkette Bestand haben, herausgegriffen.

(Anm. des Übersetzers)

EIN NACHMITTAG IM PARADIES AUF ERDEN
Chijō rakuen no gogo
1992

AUCH DIESE ERDE IST MIR HALT LIEB UND TEUER
Natsukashii n da yo na   chikyū mo

– Gedanken zu Neujahr –

Erst wenn Schweigen
auf wunderbare Weise
ins Wort einzudringen vermag
wird das Wort
zum Zement der Dichtung

Mischt sich aber
das Salz der Selbstsucht und des Dünkels
unbemerkt ins Schweigen
dann zersetzt sich dieser Zement
allmählich
leise

Würde er
für die Streben einer Eisenbahnbrücke verwendet
wären Entgleisung Absturz Katastrophe unvermeidlich
Der Brückenschlag
der sich Gedicht nennt
braucht aber unausweichlich irgendwann
Wörter

Großes
Schweigen
in die Dichtung einzubringen

ist so schwer wie in der Hölle
eine Göttliche Komödie zu schreiben

Oder nicht?
Gevatter Schweigen
nach dem Untergang der Erde!*

(1987)

---

* Anspielung auf ein Tagebuch des Dichters Nakahara Chūya (1907-1937) „Nach dem Untergang der Erde" – *Chikyū metsujin igo*. (*Anmerkung des Übersetzers aufgrund eines Hinweises durch den Autor*)

ZEITALTER DER ARCHE
Hakobune jidai

Keine einfache Sache
inmitten der alles verschlingenden
Großen Sintflut
sich wie Noah ein ganzes Jahr in der Arche zu verkriechen

Endlich sandte der Herr die Taube mit Ölzweig im Schnabel
er kündete Noah daß Land in Sicht war und ein Regenbogen
                    der Hoffnung am Himmel stand
Er lehrte ihn die Lust des Fleischverzehrs und des
                            Traubenkelterns
gab ihm die Keckheit sich splitternackt zu besaufen

Als der Zorn des Herrn noch das All erfüllte
ertranken gewiß auch bessere Menschen
in nicht unbeträchtlicher Zahl   und dennoch
waren nach der Sintflut wieder gleich viele da

Kannibalische Spielchen und Karzer und Cunning
wurden nötig und hochgehalten wie vormals
herrlich erglänzte die Sonne   die Übeltäter florierten
kaum anders als früher ging man in Glanz und Gloria unter

Dank der Gnade des Vergessens
ist das Morgen immer wieder frisch und unbekannt
so treiben wir Jahre Jahrzehnte dahin
in einer neuen Arche Hoffnung

                                              (1989)

BRÜTENDER BAMBUSHAIN
Chikurin furan

Frühling im Bambushain:
das Bambus-Universum
expandiert

Welch gewaltiger Aufruhr der Säfte
der unzählige Rohre
aus der Erde
gen Himmel jagt

Mit Schmerzensschreien
brechen die Knoten auf
um lustvoll immer neue Zellen zu gebären

Unterdessen
zeigt sich dem Auge
die unendlich reizende Gestalt der jungen Blätter

Lehne dich eng an einen Stamm
spitze die Ohren: ein Wasserfall
schäumt unter dunkelgrüner Haut

Mensch
rühme dich nicht deines Gehörs
deines Sehvermögens an diesem Ort

Von den Wurzeln lerne den Blick durchs Dunkel:
sie recken sich   eilen durchs Erdreich
ohne das leiseste Zögern

Schlafe und streichle das zähe Wurzelgeflecht
das unter der Oberfläche kriecht
und hie und da den Rücken hebt

Unterdessen
wird sich das Sonnenlicht
in zarten Dämmerschein verwandeln

wird unbewußt den mächtigen Bambushain
– diese hoch aufragende
wogende Brutstätte des Denkens* –

im innersten Gebärhaus jeder Seele
zum Erschauern
bringen

(1990)

* Diese Verlagerung des Motivs in einen inneren, seelischen Bereich nimmt wohl auf die „Sieben Weisen im Bambushain" bezug. Vgl. das Gedicht *Kiefer Bambus Pflaumenbaum*. (*Anm. des Übersetzers*)

KLEE'S LADEN
Kurē no mise

Wieviele Häuser-Verstecke
bringt doch ein Maler
vom Format eines Klee
in einer einzigen Linie unter!

Ich meinerseits
verstecke in meinem Haus
auch nicht e i n e melodische Linie
ja nicht einmal in monochromen Räumen
einen glanzvollen Fleck

Ich halte mir nur einen seltsamen Engel
der sich einseitig auf den Ellbogen stützt
gekrümmt daliegt wie eine Tabakspfeife
und vor sich hin seufzt

Selbst diesen Engel
hab' ich mir aus Klee's Laden geborgt
ein nur drittklassiger Artikel zwar
aber doch immerhin recht brauchbar

Er ist es nämlich
der manchmal
an meiner Stelle Gedichte schreibt

(1990)

VERMÄCHTNIS DES FEUERS
Hi no yuigon
1994

MEIN VORFAHRE
Watakushi no sosen

Ein Maler-Mönch verborgen im Gebirge.
Er schuf zehntausend Berg-und-Wasser-Bilder,
verwandelt' sich darauf in einen Bilder-Baum
und keine Vogelstimme war daraus zu hören.

Jedoch   in einem Neste dieses Baums
wuchs langsam eine zweite Sonne auf,
geschaukelt von blaß-blauer Mondenschaukel,
damit sie später wieder einen Baum belebe.

(1993)

MÜNZE
Kozeni

Als ich mit einem jungen russischen Avantgarde-Poeten
im gleichen Wagen zum Flughafen fuhr
schleuderte er nonchalant ein Geldstück
in die Fluten einer Rotterdamer Gracht
(in der Tat ein recht naseweiser junger Mann)

Gleich danach bog der Wagen in die Schnellstraße ein
Kein Wasser mehr weit und breit
Eine Weile dachte ich an die Münzen in meiner Tasche
und kaute an einem leichten Reuegefühl
„Hätte ich nicht doch auch eine werfen sollen. . .?"
Dabei war mir völlig schleierhaft
aus welchem Grund er sie eigentlich hineingeschmissen hatte

(1994)

GEFUNDEN
Mitsuketa

Am Ende der Widersprüche
findest du plötzlich:
einen halb aufgetauten Vers

frühlingshaft   Fleisch
von einem geborstenen Eisberg

                    (1994)

HOTEL BELVOIR (RÜSCHLIKON)
Berubowāru hoteru (Ryushurikon)

Ein Nebelschweif hängt über dem Zürichsee
gleich hüllen sich die Hügel in Regenschauer
sogar der Donnergott trommelt und blitzt vor Freude

Dazwischen makelloser Gesang der Schweizer Vögel
(hier singen nämlich alle Vögel
in Japan zwitschern sie nur)

In dieser urzeitlich unveränderten Welt
plackt und quält sich ein Fetzen blauen Himmels
um einen Meter mehr Spiegelfläche auf dem See

gerade als wär's eine Menschenstimme

(1994)

Dieses Gedicht entstand im Juni 1993, als Ōoka sich an einer Kettengedicht-Veranstaltung zwischen japanischen und Schweizer Dichtern in Zürich-Rüschlikon beteiligte. (*Anm. des Übersetzers*)

VERMÄCHTNIS DES FEUERS
Hi no yuigon

Die Flamme ist eine fröhliche Selbstmörderin
Umzüngelt sie einen Körper
gibt sie ein sattes Schnauben von sich
Wenn nichts mehr da ist was sich fressen ließe
wählt sie den Sekundentod
und hinterläßt auf der Asche ihr Vermächtnis:

Was für eine erbärmliche Kreatur ist doch der Mensch
braucht zwanzig oder gar dreißig Jahre
bis er auf eigenen Füßen steht
Ich hingegen
kaum geboren
erreiche schon den Gipfel der Vollendung
Und daß nur ein häßliches Gerippe übrigbleibt
wenn ich fort bin
versteht sich von selbst
– nehm' ich doch alles Schöne
mit in jene andere Welt

(1994)

KLEINE SAMMLUNG VON VIER GEDICHTEN
Shi yonpen - shōshishū

(Aus der Zeitschrift ‚Gendaishi techō' Nr. 8, 1996)

GEDICHT! ZEIG DICH SCHON!
Shi yo, kinasai!

Im glutheißen Brennofen
möcht' ich der Lehm sein –

gebrannt unter Temperaturen
von 1000 Grad Celsius

bekleidet mit jener erdig-trüben Glasur
die sich erst jetzt

zur immateriellen Substanz
namens Farbe wandelt

(1996)

PRIVATMUSEUM
Shisetsu bijutsukan

Ein Museum
hab' ich in meinem Haus
Und ein jeder von uns ist jeweils
sein eigner Museumsdirektor

Ein anderes Haus aufsuchen
heißt
ein Museum aufsuchen

Der Tisch samt Tassen und Aschenbecher
gehört zur Museumsausstattung

Jeder Kratzer daran ist
– obwohl nicht bewußt wahrgenommen – ein Werk

er macht das Gesicht des Tischs
zu einem unverwechselbaren Gesicht
das ihn von jedem andern Exemplar dieses Tischs unterscheidet

In der Schmutzkruste   die sich im Kratzer ansammelt
bestätigt sich das Haus des Freunds
stellt sich unmittelbar zur Schau

Und dann werfen wir in der Stadt gelegentlich
mit ahnungsloser Miene
einen Blick ins große Museum

Die Frau deren üble Laune anschwillt
je länger sie spätnachts im nur noch lauen Bade sitzt
der Mann dessen Gedanken sich auf dem Klo
jäh in einen Bibelspruch verheddern

sie beide vergessen sich augenblicks
wenn sie im Museum ein geliebtes Bild wiedersehen

wenn sie ihrem darin verwahrten Selbst
plötzlich wieder begegnen

Von der Schmutzkruste
und vom Kratzer des Tischs
von der eigenen Stellung
als Museumsbesitzer

haftet nichts im Gedächtnis

(1996)

DAS GEDICHT
Als Einleitung zu meiner neuen Anthologie in makedonischer Sprache
Shi
Makedonia go yaku shinshishū joshi

Ich denke nicht
das Gedicht sei überflüssig
sei etwas Belangloses

Im Gegenteil
das Gedicht ist nötig
ist etwas Großartiges

Beim Gedanken an meine eigenen Gedichte freilich
kommt mir solches
nie in den Sinn

Nötige   großartige Gedichte
haben immer die andern geschrieben
mal vor tausend   mal vor fünfzig Jahren

Darum ist die Welt des Gedichts
ein weites Meer   ein vielfarbiger Kontinent
wo es sich lohnt zu leben   ein Ort für mich   ein Ort für dich

(1996)

Gespräch mit dem Autor
– anstelle eines Nachworts –

Vorbemerkung

Meine erste Begegnung mit dem Dichter Ōoka Makoto, einem der führenden Repräsentanten des japanischen Geisteslebens, geht auf das Jahr 1985 zurück, auf die erste deutsch-japanische Kettengedicht-Runde im Rahmen des Berliner Festivals „Horizonte '85". Seither habe ich ihn immer wieder getroffen, sei es bei Besuchen in Japan, sei es bei anderen Renshi-Veranstaltungen in Deutschland oder in der Schweiz. Seit langem hegte ich den Plan, eine repräsentative Auswahl von Ōokas Gedichten in deutscher Übertragung vorzulegen – ein Projekt, das durch einen Studienaufenthalt in Japan vom Herbst 1995 bis zum Frühjahr 1996 endlich Gestalt annahm. In dieser Zeit konnte ich die Texte regelmäßig mit dem Autor besprechen, und auch das nachstehende Interview ist gegen Ende dieses Aufenthalts, d. h. im Februar/März 1996, entstanden.

Das Gespräch ersetzt ein einführendes Nachwort. Zwar geht es auf manche Fragen zum Wesen und zur Thematik von Ōokas Dichtung nicht ein. Aber es gibt dafür einen sehr lebendigen Einblick in den Werdegang und die Denkweise dieses kosmopolitischen Geistes, der ein unermüdlicher Grenzgänger zwischen Professionen und literarischen Genres, zwischen Ländern und Kulturen ist.

Eduard Klopfenstein

Herkunft und erste literarische Versuche

Klopfenstein: Herr Ōoka, wie sehen und beurteilen Sie persönlich Ihre eigene Entwicklung als Dichter? Über die Anfänge liegen ja bereits autobiographische Texte und Äußerungen vor. Darin steht unter anderem, daß Sie im Alter von 18 bis 20 Jahren von dunklen und schwermütigen

Bildern beherrscht waren. Welche Hintergründe gab es dafür, und inwiefern hat sich danach Ihre dichterische Erlebnis- und Ausdrucksweise gewandelt? Hat sie sich überhaupt gewandelt?

Ōoka: Ja, in einem gewissen Grad sicher. Schauen Sie, der Krieg ging zu Ende in dem Sommer, als ich die dritte Klasse der Oberschule besuchte und vierzehn Jahre alt war. Damals habe ich mit einigen Freunden eine kleine literarische Zeitschrift zusammengestellt – natürlich nur ein dünnes, unansehnliches Heftchen –, darin waren erstmals etwa acht Tanka von mir abgedruckt. Warum gerade Tanka? Nun, mein Vater war Tanka-Dichter, bei ihm habe ich das Tanka-Machen einfach abgeguckt. Ich konnte ohne die geringste Mühe Tanka drechseln. Nach dem Kriegsende kamen dann allmählich wieder einige Bücher in die Läden, und da machte ich die erste Bekanntschaft mit der modernen Dichtung. Die ersten Dichter, die ich damals kennenlernte, waren die Japaner Miyoshi Tatsuji, Nakahara Chūya, Tachihara Michizō und Nakano Shigeharu, etwas später auch Nishiwaki Junzaburō. Von ihm las ich erstmals die nach dem Krieg neu aufgelegte Sammlung *Ambarvalia* – allerdings zunächst ohne daran Geschmack zu finden. Erst allmählich lernte ich ihre Qualitäten einzuschätzen. Anfangs dachte ich: „Was soll das Ganze eigentlich?" Viel näher stand mir damals Nakano Shigeharu. Nakano trat nach dem Krieg unmittelbar ins Rampenlicht. Als Mitglied der kommunistischen Partei war er ja vorher vollständig ausgegrenzt gewesen. Das schlug nach dem Krieg ins Gegenteil um. Erstmals erschien eine Gedichtsammlung von ihm. Als ich die las . . . Seine späteren Gedichte schätzte ich nicht besonders, die brachten ja zum Teil eine Art kommunistische Propaganda – aber seine frühen Gedichte sind wirklich sehr lyrisch, sehr schön, sehr interessant, vergleichbar mit den Gedichten von Murō Saisei oder Hori Tatsuo. Besonders seine Liebesgedichte sagten mir zu. Die Gedichte von Miyoshi Tatsuji, Nakahara Chūya, Tachihara Michizō unterschieden sich vor allem auch formal von früherer Dichtung, sie machten einen sehr erfrischenden Eindruck auf mich. Die Sprache war leicht verständlich, eingängig, weich. Als lyrische Gedichte befriedigten sie mich in einer bis dahin unbekannten Weise. So also wechselte ich vom Tanka zum modernen Gedicht.

Das war im Jahr 1946?

Ja. Vom Frühling 1946 an entschloß ich mich, in diese neue Richtung zu gehen, wobei ich eine Zeitlang beides nebeneinander tat. Aber die moderne Dichtung zog mich mehr und mehr in ihren Bann. Natürlich war das eine Zeit der Nachahmung, Nachahmung vor allem von Tachihara Michizō oder der Vierzehnzeiler von Nakahara Chūya. Eine Sonettform also, die zwar vom wirklichen Sonett weit entfernt ist, aber zumindest die äußere Form, das heißt die Strophenform von vier-vier-drei-drei Zeilen bewahrt. ‚Das ist gut!' dachte ich damals. Es handelte sich auch um eine klassische Form, vergleichbar mit dem Tanka. Mein Zugang erfolgte also von der Form her. So schrieb ich einige Vierzehnzeiler, um allerdings dieses Stadium bald hinter mir zu lassen und mich nicht mehr um die feste Form zu kümmern. Oder besser gesagt: Für mich ist in jeder Art von Gedicht der Grundrhythmus von zwei und drei Silben im Einzelwort, im einzelnen Ausdruck wichtig. Aus solchen Einheiten setzt sich ja die Tanka-Form mit Versen von fünf und sieben Silben zusammen. Das ist die Grundlage meines Sprachrhythmus. Meine Schwester zum Beispiel behauptet, das sei der entscheidende Unterschied zwischen meinen Gedichten und den Gedichten der jungen Leute von heute. In der Tat ist für mich das Gefühl für die Prosodie der japanischen Sprache unabdingbar. Einen Text ohne dieses Grundgefühl empfinde ich als reine Prosa. Prosagedichte dieser Art gibt es zwar eine Menge, aber ich kann sie für mich nicht als Gedichte akzeptieren. Wenn jemand Prosa schreiben will, soll er eben richtige Prosa schreiben. Will er aber Gedichte schreiben, dann muß er die grundlegende japanische Prosodie mit zwei- und dreisilbigen Einheiten beachten. Dichter, die bewußt oder unbewußt darüber hinwegsehen, sind für mich von geringem Interesse. Auf der anderen Seite gibt es Dichter, die auf den ersten Blick keine Rücksicht auf die Zwei- oder Drei-Silben-Einheiten zu nehmen scheinen, zum Beispiel Tanikawa Shuntarō, der jetzt den Wordprocessor gebraucht, wodurch die Zeilen automatisch länger werden. Trotzdem beachtet er Längen, die in einem Atemzug zu bewältigen sind. Das heißt, er besitzt eine ausgesprochene Musikalität in der Sprachbehandlung, und deshalb sind die Verse von Tanikawa Shuntarō für mich ausgesprochen angenehm zu lesen. Beim Großteil der anderen Dichter fühle ich mich dagegen beim Lesen irgendwie unwohl. Es gibt keinen Rhythmus. In diesem Sinne bin ich eben ganz am Anfang vom Tanka ausgegangen und habe im Rhythmus der klassischen sieben Silben geschrieben, um dann zur Vierzehn-Zeilen-Form überzugehen. Das heißt, die Form war mir zunächst sehr wichtig. Dann allerdings wurde ich der strengen klassischen Form überdrüssig, denn sie kam mir plötzlich zu perfekt, zu äußerlich, zu angeberisch vor. Nach zwei drei Versuchen anfangs sagte ich mir: ‚Das geht so nicht, da ist etwas faul, es muß viel mehr der Gegenwartssprache angenähert sein, aber einen Rhythmus haben.' Was den Inhalt betrifft: Ich war damals ein fünfzehn-, sechzehnjähriger Junge. Es war unmittelbar nach dem Krieg, also eine Zeit des großen Durcheinanders. Die Zukunft lag völlig im Dunkeln.

Es gibt das Gedicht „Weihnachten 1951 – zur Zeit des Koreakriegs", ein Gedicht, das außerordentlich schwermütige, dunkle Bilder aneinanderreiht und das zudem einen überhöhten Stil, ein ausgesprochenes Pathos pflegt. Solche Gedichte also haben Sie in all dieser Zeit geschrieben?

Ja, ziemlich viele. Einige Dinge darunter waren, wie ich mir damals einbildete, im Nietzsche-Stil und -Geist geschrieben, obwohl ich von Nietzsche überhaupt nichts verstand. Immerhin war da die Idee, daß die große Masse der Leute ungebildet und unaufgeklärt in diesem Dunkel, in diesem Sturm der Zeiten dahinvegetiere und ich allein darüber erhaben sei. (Lachen) Es handelte sich um ein einfältiges, lächerliches Elitebewußtsein. Zwar glaubte ich selber, ich hätte kein Elitebewußtsein. Aber wenn ich jetzt diese Dinge wieder lese, muß ich laut heraus lachen. Das war also so ein Übergangsstadium. Bald merkte ich, daß es auf diese Weise nicht weitergehen konnte. Dann kam ich ins Gymnasium, und gerade das Gymnasium noch nach dem alten Schulsystem der Vorkriegszeit war damals ein Hort des Elitedenkens. Dieses elitäre Gehabe der Umgebung begann mir richtig aufzustoßen. Ich konnte solche Leute weniger und weniger leiden und wollte bewußt etwas anderes tun, wollte mir einen schlichteren, eingängigeren Stil aneignen.

Von wann bis wann dauerte diese Gymnasialzeit?

Von 1947 bis 1950. Mit dem Eintritt ins Gymnasium trat ich zugleich ins Schülerheim ein, und dort eben herrschte dieser Geist. Es waren Leute, die einen übersteigerten Moralismus zur Schau trugen, die mit ihrer hehren Gesinnung Japan aus dem Schlamassel retten wollten. Da konnte ich nicht mehr mithalten und wandte mich ab. Ich erkannte, daß bei einfachen Leuten aus dem Volk mit ihren direkten Gefühlen und Ansichten viel Wertvolleres zu holen war. Auf solche Leute stieß man aber auch nicht häufig damals, weil alle voll damit beschäftigt waren, irgendwie zu überleben. Immerhin gab es doch einige Orte, die mich anzogen, unter anderem auch solche, wo schöne Mädchen zu finden waren. Das dauerte drei Jahre.

Das vorhin erwähnte Gedicht „Weihnachten" ist allerdings erst 1951 entstanden, das heißt, dieser Stil dauerte doch noch über 1950 hinaus?

Na ja, das war eben im ganzen gesehen eine Zeit, wo ich Mühe hatte, eine Balance zwischen den verschiedenen Tendenzen zu finden. Die klassische, formale Ausrichtung wirkte immer noch nach; auf der anderen Seite drängte sich die Einsicht auf, daß in dieser total verarmten, zukunftslosen Umgebung ein solches Verhaftetsein im Klassischen überholt und unecht wirkte. Mein Problem war es, unter solchen Umständen den eigenen Stil zu finden.

Das heißt, in der ersten Gedichtsammlung ‚Kioku to genzai' sind vor allem solche Zeugen des Suchens, des Übergangs zusammengestellt?

In der ersten Sammlung finden sich eher Gedichte, die sich bereits von dieser Phase gelöst haben, Sachen, die ich nach dem Eintritt in die Tōkyō-Universität geschrieben habe und die bereits andere Tendenzen zeigen. Als Grundstimmung herrscht allerdings immer noch düstere Hoffnungslosigkeit. Es gibt kein Morgen. Weil andererseits großes Gewicht auf die rhythmische Gestaltung gelegt ist, verbreiten die Gedichte, wenn man sie laut vorträgt, doch eine gewisse Helligkeit. Inhaltlich bleibt aber der Blick noch immer zu Boden gesenkt.

Von wann an beginnt sich denn diese Haltung zu ändern?

Wohl von dem Zeitpunkt an, als ich meine spätere Frau kennenlernte. Das war so im Alter von achtzehn Jahren. Damals hatte ich zwar noch eine andere Bekanntschaft, die ich noch höher einschätzte – freilich eine sehr hochmütige Person! Und ich kann nicht sagen, daß ich sie wirklich gern hatte, sondern ich bewunderte eher ihre intellektuellen Fähigkeiten. Sie behandelte mich von oben herab, sie war auch älter als ich. Während dieser ganzen Zeit war meine Stimmung eben sehr getrübt. Das änderte sich erst allmählich, nachdem ich mit meiner späteren Frau vertrauter geworden war und erst nach einigen Jahren ihren wirklichen Wert erkannt hatte. Damals entstand das Gedicht *Haru no tame ni* („Für den Frühling", 1952, im zweiten Jahr der Universität). Von diesem Zeitpunkt an war die Veränderung offensichtlich. Damals las ich mit großer Intensität die Gedichte von Paul Eluard, die mich schon von der ersten Klasse des Gymnasiums an begleitet hatten.

Entdeckung Eluards und des Surrealismus

War Ihr Interesse am Surrealismus damals schon erwacht?

Damals noch nicht besonders. Auf den Namen Eluard bin ich in einer ausländischen Zeitschrift gestoßen, wo Eluard als großartiger Dichter gerühmt wurde. Aha, dachte ich, und bestellte in der Buchhandlung Maruzen ein Buch von ihm. Nach drei oder vier Monaten endlich traf es ein. Ich holte es sofort ab; es war eine Gedichtauswahl mit dem Titel *Poèmes* Als ich es zu lesen versuchte, verstand ich zunächst praktisch überhaupt nichts. Bis dahin hatte ich zum Beispiel die Gedichte Rémy de Gourmonts, eines Dichters der Décadence im Übergang vom 19. zum 20. Jahrhundert, gerngehabt. Auch mit Rimbaud und Verlaine und besonders Valéry hatte ich schon eine gewisse Bekanntschaft gemacht. Seine Texte sind höchst klar und verständlich geschrieben. Ich las sie in einer Schülerausgabe und dachte: ‚Was für ein großartiger Stil!' Einiges wurde ja auch in der Schule behandelt. Und dann stieß ich eben auf Eluard, den ich zunächst überhaupt nicht verstand. Einmal aber ging ich, es war im Sommer des ersten Studienjahres, in die Berge von Hakone, wo es die alte Grenzstation auf der Tōkaidō-Straße gibt. Ich nahm einen Job an in einem kleinen Museum, in dem verschiedene alte Dinge gesammelt und ausgestellt sind. Der Besitzer war mein ehemaliger Lehrer aus der Oberschule. Dieser Lehrer sagte zu mir: „Wenn Du in den Sommerferien nach Hause gehst, gibt es ohnehin nichts zu essen. Also komm zu mir, da gibt's Arbeit und da wirst Du auch verpflegt." So residierte ich allein in einem großen Zimmer und traf mich mit ehemaligen Freunden aus unserer Schulzeit, die da ebenfalls wechselweise arbeiteten. Und da hatte ich nun plötzlich das Gefühl, ich verstehe Eluard. Zum Beispiel den Vers: „Et le ciel est sur tes lèvres." Ich glaube, es ist eine Zeile aus dem Gedicht „Die blaue Orange". In dem Augenblick, als ich das las: „Und der Himmel ist auf Deinen Lippen", sah ich den Himmel nicht oben, sondern wirklich auf den Lippen einer Frau sozusagen kleben. Ach, so läuft das bei Eluard, dachte ich in diesem Augenblick, und als ich dann weiterlas, konnte ich plötzlich gut folgen. Von da an war ich ganz versessen auf diesen Dichter, er war meine große Entdeckung im ersten und zweiten Studienjahr. Unter seinem Eindruck schrieb ich dann im Sommer 1952 das Gedicht „Für den Frühling". Es erschien zuerst in einer Studentenzeitung unter dem Titel „Meer und Frucht" und löste ein ziemliches Echo aus. ‚Der Ōoka hat da ein ganz tolles Gedicht verfaßt', hieß es, und einige Kollegen gaben das eigene Gedichtemachen unter dem Eindruck dieses Gedichts ganz auf. ‚Mit dem können wir nicht mithalten', dachten sie. Dieses Gedicht strahlt tatsächlich eine unglaubliche Helligkeit aus, und das war offensichtlich dem Einfluß meiner späteren Frau zuzuschreiben. Sie aber war damals krank und lag in einem Spital in Numazu, und ich war in Tōkyō und konnte nichts weiter tun als solche hellen Gedichte schreiben. Vermutlich steckte dahinter mein Bemühen, da meine Freundin krank darnieder lag, meine mißliche Lage auf diese Weise zu verdrängen oder zu überwinden. Heute weiß ich nicht mehr so recht, in welcher psychischen Verfassung ich mich damals befunden habe. Jedenfalls war es so: Sobald ich an einem Gedicht schrieb, drängten sich die hellen Bilder in den Vordergrund. Das Gedicht erregte also einiges Aufsehen, und als ich es dann in die erste Gedichtsammlung aufnahm, änderte ich seinen Titel in „Für den Frühling". Meine Schreibweise änderte sich also in diesem ersten und zweiten Studienjahr, während meine Freundin wegen Tuberkulose die ganze Zeit über in Numazu in einem Sanatorium lag. Glücklicherweise war ihre Erkrankung nur leicht, aber sie mußte über ein Jahr dort bleiben. Von der wirtschaftlichen Lage her gesehen waren wir damals völlig mittellos. Sie hatte sich vorher auch in Tōkyō aufgehalten und dort gearbeitet. Irgendwann begann sie sich unwohl zu fühlen, ließ sich untersuchen und dabei kam heraus, daß sie Tuberkulose hatte. So kehrte sie nach Numazu zurück. Das also war die Zeit, da meine erste Gedichtsammlung *Kioku to genzai* („Erinnerung und Gegenwart") entstand.

Daraus ergibt sich, daß Sie den Surrealismus erst in einem späteren Stadium bewußt ins Visier genommen haben.

Ja. An der Universität gab es damals wenig Kommunikation über solche Dinge. Selbst wenn man sich näher kennenlernte, wußte man nicht, was das Gegenüber eigentlich trieb, und man fragte auch nicht danach. Irgendwann stießen wir, meine Freunde Tōno, der spätere Kunstkritiker, und Iijima, der Dichter, sowie ich selber auf die Tatsache, daß damals sehr viel über Surrealismus geredet wurde und daß er auch in Japan einen gewissen Einfluß gehabt hatte. Deshalb taten wir uns zu einer Studiengruppe zusammen, um surrealistische Kunst und Dichtung kennenzulernen. Wir trafen uns ein paarmal übers Wochenende auf der Ginza, im Zentrum Tōkyōs, in einem Lokal, das damals vom Elektrizitätswerk Tōkyō Denryoku vermietet wurde.

Das war also erst nach Universitätsabschluß, zur Zeit, als Sie schon bei der Zeitung arbeiteten?

Ja, deshalb fanden die Treffen am Samstag/Sonntag statt. Tōno hatte in Kunstgeschichte abgeschlossen, Iijima Kōichi in französischer Literatur und ich in japanischer Literatur. Wegen der verschiedenen Fachbereiche hatten wir uns etwas aus den Augen verloren, und selbst wenn wir uns als Studenten getroffen hatten, war wenig von solchen Dingen die Rede gewesen. Erst nach Abschluß der Universität kam dieser Impetus, sich gemeinsam weiter zu bilden.

Wann verließen Sie die Universität?

1953.

Haben Sie sich eigentlich von Anfang an praktisch nur mit Dichtung beschäftigt? Erzählprosa hat Sie nicht interessiert?

Nun, meine Abschlußarbeit an der Universität befaßte sich mit dem Prosaisten Natsume Sōseki.

Aber im Ganzen stand das Gedicht im Vordergrund? Erzählungen und Romane haben Sie kaum gelesen?

Nein, eigentlich kaum.

Warum wohl? Das ist doch eher ungewöhnlich.

In Japan herrschte eben der *watakushi shōsetsu*, die bekannte ichbezogene Schreibweise (eine spezifische, egozentrierte Ausprägung des Ich-Romans – E. K.) vor. Dieses Genre lag mir nicht. Wenn überhaupt, dann las ich eher ausländische Romane. Im übrigen fand ich es interessanter, die freie Zeit nicht zum Lesen, sondern zum Selberschreiben zu verwenden. Lesen ist sicher interessant, aber man steht dabei gleichsam unter der Knute eines anderen. Wenn man selber schreibt, steht man unter der eigenen Knute. Und das ist interessanter.

Sie fühlten also einen starken Antrieb, selber zu schreiben. Woher wohl mag ein solcher Antrieb kommen?

Zum einen war da wohl der Einfluß meines Vaters bestimmend. Mein Vater war Tanka-Dichter, und während des Krieges schrieb er über lange Zeit hinweg an einem Kommentar zu den Tanka seines Lehrers – sicher über tausend Manuskriptseiten. Da mochten die Alarmsirenen dröhnen, soviel sie wollten, er schrieb ruhig weiter; und da ich das mitansah, lebte ich in dem Gedanken: Das ist es, was ein Mann tut und zu tun hat. (Lachen) Das ist der eine Grund; der andere ist: Nach dem Krieg begann ich sehr bald französische Bücher zu lesen, und zwar nicht etwa Romane, sondern in erster Linie literaturkritische und essayistische Schriften, auch Essays über Dichtung, die mich unerhört ansprachen.

Das ist eigentlich eine recht ungewöhnliche Entwicklung. Die meisten Menschen finden doch wohl eher über Erzählungen und Romane den Zugang zur Literatur.

Nun ja, von heute aus gesehen denke ich auch, daß meine damalige Entwicklung etwas merkwürdig verlaufen ist. Zum Beispiel war ich in der Universität drei Jahre lang der Abteilung für japanische Literatur zugeteilt, aber ich hatte damals überhaupt keine Lust, mich mit japanischer Literatur zu befassen. Die Vorlesung des Professors interessierte mich überhaupt nicht. Seine Vorlesung über das *Genji monogatari* und anderes war von der Art, daß man hätte meinen können, er wolle den Leuten die Lust an der japanischen Literatur ein für allemal austreiben. Er führte nämlich seine Vorlesung über mehrere Jahre fortlaufend, und diejenigen, die neu eintraten, kamen da mittendrin hinein und verstanden überhaupt nichts. Und wenn sie das zu erkennen gaben, verspottete und verhöhnte er sie sogar, was denn solche Leute in der Abteilung für japanische Literatur zu suchen hätten. Das verleidete einem die Sache natürlich total, und ich sagte mir, unter diesen Umständen ist es besser, zuhause zu bleiben und das zu lesen, was mich interessiert. Das tat ich denn auch und las in meiner Absteige eine Unmenge an französischen Texten, so dicke Bücher. Japanisches las ich dagegen kaum. Eine wirklich merkwürdige Situation. Die einzigen neueren japanischen Schriftsteller, die ich mit einiger Gründlichkeit gelesen habe, waren Mori Ōgai und Natsume Sōseki. Daneben hat gelegentlich schon das eine oder andere vorübergehend mein Interesse auf sich gezogen. Aber sehr rasch ging ich wieder zu ausländischer Literatur über. Auch englisch habe ich viel gelesen, zum Beispiel D. H. Lawrence, wobei ich wiederum weniger seine Romane als seine kritischen Schriften und besonders seine Briefe schätzte. Oder Aldous Huxley. Selbst solche relativ schwierigen Dinge wie Huxleys Romane kamen mir viel interessanter vor als die zeitgenössischen japanischen Romane. Die Klarheit seines Englischen hatte es mir angetan. Ich dachte damals, wenn man auf japanisch nicht auch eine solche Klarheit des Ausdrucks erreicht, so ist das nicht Literatur. Das ist mir seither sozusagen zur zweiten Natur geworden. Wenn ich japanisch schreibe, strebe ich immer nach einer Ausdrucksweise, die sich übersetzen läßt und die auch in der Übersetzung eine klare Aussage ergibt.

So wurde ich also damals von französischer, englischer und auch amerikanischer Literatur angezogen. Amerikanische Romane habe ich, wenn ich's recht bedenke, tatsächlich doch auch eine ganze Menge zur Kenntnis genommen.

Als Journalist in der Auslandsredaktion

Gehen wir nun weiter zu Ihrer späteren Entwicklung. Sie sind also aus der Universität gekommen und in einen Zeitungsverlag eingetreten. Im Japanischen gibt es dafür den Ausdruck shakai ni deru, ‚in die Gesellschaft hinausgehen'. *Ein Ausdruck, der mich immer etwas komisch berührt – als ob man als Student noch nicht ein Glied der menschlichen Gesellschaft wäre. Aber wie dem auch sei, haben Sie zwischen diesem Hinaustreten in die Gesellschaft, in die Arbeitswelt und dem Gedichteschreiben keinen Widerspruch empfunden?*

Nein, überhaupt nicht. Ich muß allerdings sagen, daß ich beruflich unerhört günstige Umstände vorfand. Hätte es mich zum Beispiel in eine Bank verschlagen, so wäre ich anfangs wohl um Berechnungen und Geldzählen nicht herumgekommen.

Allerdings sind ja wohl auch Journalismus und Gedichteschreiben zwei ziemlich unterschiedliche Dinge.

Deshalb war ich von Anfang an entschlossen, mich niemals in die politische Redaktion oder in die Wirtschafts- bzw. Gesellschaftsredaktion hineinziehen zu lassen. Ich war in der Auslandsredaktion (*gaihōbu*). Dort hatte ich, zusammen mit anderen Mitarbeitern, die Aufgabe, die Meldungen aus dem Ausland zu übersetzen und für die japanische Publikation zu bearbeiten. Da ich die Fremdsprachen gern hatte, habe ich von dieser Arbeit unerhört profitiert.

Das heißt also, Sie haben selbst keine Artikel verfaßt?

Ganz eigenständige Artikel kaum. Was zur Aufgabe gehörte, waren Erläuterungen, Kommentare. Solche habe ich viel geschrieben, z. B. einmal über den Kongreß der englischen Labour Party. Zu jener Zeit war ich noch Volontär. Das System war damals so, daß man die ersten sechs Monate fast nichts verdiente und noch keine feste Anstellung hatte, sondern einen Volontär-Status. Und wenn man nicht speditiv arbeitete, wurde man wieder davongejagt. Zu dieser Zeit brachte die Zeitung einen umfangreichen, von mir bearbeiteten Bericht über den Kongreß der englischen Labour Party, der so abgefaßt war, als ob ich selber dabei gewesen wäre. Die Sache wurde abgedruckt, ohne daß man ein einziges Zeichen geändert hätte. Das erregte einiges Aufsehen in der Redaktion. Dieser neueingetretene Kerl hat es dick hinter den Ohren, hieß es.

Welche Zeitung war das?

Die Yomiuri-Zeitung. Die Kommentare aus der Auslandsredaktion erschienen natürlich an sehr prominenter Stelle, und in der Regel waren das Leute, die schon 10 oder 15 Jahre bei der Zeitung waren, die solche Kommentare verfaßten. Ich aber war damals erst seit vier Monaten dabei. Als dann die sechs Monate um waren, wurde ich fest angestellt und zugleich in die Nachtschicht eingeteilt. Der Zeitunterschied zu Europa beträgt ja acht Stunden, d. h. um fünf, sechs Uhr abends europäischer Zeit haben wir in Japan ein, zwei Uhr in der Nacht. Bis um diese Zeit kamen immer wieder wichtige Neuigkeiten aus Europa über den Fernschreiber herein. Die vier wichtigsten Nachrichtenagenturen waren AP, UPI, Reuters und AFP. Die Yomiuri-Zeitung war vor allem mit AP und AFP vertraglich verbunden. Von Reuters und UPI kamen manchmal auch Meldungen, aber die Hauptsache kam regelmäßig von AP und AFP, wobei AP eine amerikanische Agentur ist und AFP eine französische. Es war aber alles auf englisch. Der Fernschreiber spuckte die Meldungen nach und nach aus wie eine Toilettenpapierrolle, zehn, zwanzig Meter lang. Das mußte man alles rasch durchschauen und gelegentlich abschneiden. Da mußte rasch beurteilt werden: Das ist eine wichtige Neuigkeit, die darf man nicht wegwerfen, und das da ist unwichtig. Dieses Unterscheidungsvermögen war meine Stärke, und wenn etwas wirklich Wichtiges hereinkam, dann mußte ich das sofort nehmen und im Eiltempo übersetzen. Zuvor mußte der Befehl durchgegeben werden: Top news – stoppt die Rotationsmaschine. Dann mußte ich also die Sache in kürzester Zeit übersetzen und selber in die entsprechende Redaktionsabteilung bringen. Bei dieser Art Arbeit war ich so richtig in meinem Element. Das ging täglich so.

Und ließ sich das irgendwie mit dem Gedichteschreiben in Einklang bringen?

O ja, dieser Rhythmus, der paßte mir. Sie kennen ja meine Art.

Ließen sich auch inhaltlich Anknüpfungspunkte finden?

Ja, gewiß. Da passierte plötzlich irgendwo ein großes Unglück, bei dem ein neuvermähltes Paar umkam – solche Dinge konnten unter Umständen direkt den Anstoß zu einem Gedicht geben.

Derartige Gedichte dürften also in der zweiten Gedichtsammmlung von 1960 enthalten sein?

Eher in der dritten mit dem Titel *Waga shi to shinjitsu* („Meine Dichtung und Wahrheit"). Da gibt es eine solche Tendenz; von heute aus gesehen kommen mir diese Gedichte ziemlich stürmisch und rauh vor. Einige davon sind allerdings sehr bekannt geworden. Zum Beispiel das Gedicht „Der Oberst und ich", das im Zusammenhang mit Atombombenversuchen entstanden ist. Es bittet den Oberst, immer mehr und mehr Atombomben produzieren zu lassen, natürlich in ironischem Sinn. Nicht wenige solche Gedichte hängen mit meiner Journalistenerfahrung zusammen.

Und hier kommt nun auch der Surrealismus zum Zug.

Ja, ganz eindeutig. Die Gestaltungsmethode der Brüche und Sprünge, des Nebeneinanderstellens von völlig unzusammenhängenden Dingen ist ganz klar vom Surrealismus beeinflußt, oder der *Monologue intérieur,* der eine von der Logik der Wirklichkeit völlig unabhängige, traumhafte Welt schafft. Der Surrealismus zog während rund zehn Jahren meine besondere Aufmerksamkeit auf sich, d. h. vom 23. bis zum 32. oder 33. Lebensjahr (1954-1964). Das war eine Zeit, als ich für meine Verhältnisse vergleichsweise stark gesellschaftlich engagiert war, und damals hatte ich den Eindruck, es bestehe eine Parallelität zwischen meinen verschiedenen Aktivitäten und der Methode des Surrealismus.

Wie lange dauerte eigentlich Ihre Zeit bei der Yomiuri-Zeitung?

Bis Ende März 1963. Dann hörte ich auf, und zwar deshalb, weil ich als Korrespondent nach Paris hätte gehen sollen! Das hätte bedeutet, daß ich mindestens fünf Jahre in Paris hätte stationiert sein müssen. Ich aber konnte nicht Schreibmaschine schreiben (übrigens auch heute noch nicht), hatte keine Organisationserfahrung, war ein Stümper in der Pflege gesellschaftlicher Beziehungen. Das alles hätte ich mir aneignen müssen. Das ödete mich an, und ich hielt es für eine Zeitverschwendung. Denn es war üblich, daß die Yomiuri-Korrespondenten neben ihrer Korrespondententätigkeit auch die verschiedensten anderen Pflichten übernehmen mußten. Paris war damals für die Japaner noch Zielscheibe der verschiedensten Sehnsüchte, und wenn sie hingingen, dann wollten sie vor allem auch das Nachtleben kennenlernen. Die Yomiuri-Zeitung hatte damals besonders enge Beziehungen zur Welt des Baseballs und zweitens zu bestimmten politischen Kreisen. Der Präsident der Yomiuri, Herr Shōriki, war Parlamentarier der liberaldemokratischen Partei und einer der Wortführer in der Partei. Da waren immer eine Menge von Parlamentariern, die mit den Empfehlungen von Herrn Shōriki nach Paris reisten, und dann mußte der Yomiuri-Korrespondent ihnen jedesmal zur Verfügung stehen, mußte sie ins Nachtleben einführen, sie mit Frauen bekannt machen und dergleichen. Mit solchem Zeug wollte ich mich nicht abgeben, und so kündigte ich Knall auf Fall. Und da hieß es natürlich sogleich, der Ōoka aus der Auslandsredaktion ist verrückt geworden. (Lachen) Das war also vor über 30 Jahren. Als Folge davon bin ich heute in der Yomiuri-Redaktion von all denen, die dort angefangen haben und später literarisch tätig geworden sind, die angesehenste Person.

Haben Sie damals Ihre Anstellung vollständig aufgegeben?

Ja, vollständig. Aber später übernahm ich dann wieder eine Funktion als Jury-Mitglied des Yomiuri-Literaturpreises, wurde zum Jury-Präsidenten eines anderen Preises ernannt und so weiter.

Eine gewisse Verbindung blieb also bestehen.

Schon bald darauf publizierte ich daselbst eine Serie über Dichtung. Auch das war unter den besagten Umständen eher ungewöhnlich.

Damals hatten Sie sich also bereits als freier Schriftsteller etabliert?

Das lag zumindest in meiner Absicht, aber so einfach ging das eben doch nicht. Es war eine schwierige Zeit. Aber jedenfalls hatte ich die Stelle aufgegeben. Bei den meisten Kollegen der Redaktion war ich hochangesehen, eben gerade weil ich auf die Stelle in Paris und alle damit verbundenen Privilegien und materiellen Vorteile verzichtet hatte. Das lebt bei der Yomiuri als eine Art Mythos noch immer fort.

Die Kündigung erfolgte also etwa gleichzeitig mit der Veröffentlichung der dritten Gedichtsammlung.

Etwas später.

Neue Interessen: Bildende Kunst – Klassische japanische Literatur

Welche Veränderungen haben sich aus Ihrer Sicht zwischen dem ersten und dritten Gedichtband und darüber hinaus ergeben?

Ein neues Element ist sicher das Interesse für die bildende Kunst, ausgehend von der Beschäftigung mit dem Surrealismus. Schon während ich bei der Yomiuri-Zeitung war, wurde ich von anderer Seite zum Schreiben von Kunstkritiken aufgefordert.

Das heißt, anfangs geschah es nicht aus eigenem Antrieb, sondern Sie wurden dazu gedrängt?

Nicht nur! Eine Sache, die ich wirklich selber schreiben wollte, betraf Paul Klee. Als dieser Text erschien, fand er einen unerwartet großen Widerhall. Es hieß: Der kann sowas schreiben. Und so wurde ich mehr und mehr dazu gedrängt. Die meisten Texte befaßten sich aber mit surrealistischer Kunst. Bei alledem war ich natürlich kein professioneller Kunstkritiker. Es freute mich einfach, wenn meine Kritiken Anklang fanden. Deshalb geschah das auch nicht in erster Linie wegen des Geldes, obwohl es als Zubrot für die Lebensführung nicht zu verachten war. Im großen und ganzen schrieb ich auch wirklich nur über das, was mir zusagte.

War das nicht eine große Belastung? Sie waren ja fest angestellt und arbeiteten bis in die späte Nacht hinein. Wann fanden Sie denn die Zeit, solche Essays, Kritiken und auch noch Gedichte zu schreiben?

Die Schlafenszeit war eben sehr kurz.

Woher nahmen Sie denn nur diese Energie?

Abends fand ich auch noch Zeit, auf der Ginza zu trinken. Häufig war auch irgendeiner dabei, der die Zeche übernahm. Na ja, ich war eben jung und unvernünftig.

Nach Ihren Worten zu Anfang des Gesprächs hat Ihnen in der Universität Ihr eigentliches Studienfach „Japanische Literatur" damals wenig Anregung geboten. Von einem gewissen Zeitpunkt an begannen Sie dann aber doch, sich für die klassische japanische Literatur und Ästhetik zu interessieren, und Sie haben sich inzwischen auch zu einem anerkannten Spezialisten in dieser Richtung entwickelt. Wie kam es dazu?

Ich muß ergänzen, daß schon während des Universitätsstudiums, dann vor allem auch in der Zeit bei der Yomiuri-Zeitung zumindest ein klassisches Werk mich besonders angezogen und beeinflußt hat. Es handelt sich um das große Hauptwerk des mittelalterlichen Zen-Mönchs Dōgen mit dem Titel *Shōbōgenzō* („Schatzkammer der Erkenntnis des wahren Dharma"). In der Universität habe ich unter anderem bei Terada Tōru studiert, einem bedeutenden Mann, der eigentlich Spezialist für französische Literatur war, der aber auch eine Abhandlung über das *Shōbōgenzō* geschrieben hat. Diese Kombination hat mich unglaublich gereizt, und ich dachte immer, ich müsse dieses Werk lesen. Aber erst als Journalist habe ich mich dann dazu aufgerafft. Ich habe es als Taschenbuchausgabe, als dreibändige Aus-

gabe aus dem Iwanami-Verlag, immer mit mir herumgeschleppt, es auf dem Weg zur Arbeit in der vollgestopften Bahn hervorgezogen und mich allmählich hineinzulesen versucht. So ging mir nach und nach die Bedeutung und die Faszination dieses Werks auf. Ich wurde auch einmal aufgefordert, etwas darüber zu schreiben. Das war einer der ersten essayistischen Texte dieser Art. Während der weiteren Lektüre stieß ich dann auch auf das damit in Zusammenhang stehende Werk *Shōbōgenzō zuimonki* („Nachlese zum S."). Darin gibt Dōgens Schüler Ejō Rechenschaft über seine Gespräche mit dem Lehrer. Man könnte es in einem weiten Sinn etwa mit Eckermanns Gesprächen mit Goethe vergleichen. Das ist seinerseits wieder ein großartiges Werk.
Was mich dabei, abgesehen vom Inhalt, auch besonders faszinierte, war die Sprache, nämlich der Gegensatz zwischen dem damals gepflegten chinesischen Stil und dem japanischen Stil *(kanbun* und *wabun).* Werke wie das *Hōjōki* von Kamo no Chōmei oder das *Turezuregusa* von Kenkō sind im japanischen Stil verfaßt. Dōgen seinerseits steht dem chinesischen Stil sehr nahe. Hier entdeckte ich den für die japanische Tradition so wichtigen chinesischen Stil und erkannte, daß wir diesen Stil nach der Meiji-Zeit völlig vergessen haben. Die Großen der Meiji-Zeit, Natsume Sōseki und Mori Ōgai, beherrschten den chinesischen Stil noch, und zu ihnen fand ich vor allem Zugang, weil ich diesen Stil lesen konnte. Die heutigen Literaten aber haben meistens keine Beziehung mehr dazu. Das brachte mich weiter zur Frage, welcher Tradition ich selber eigentlich zugehörte, wenn ich schrieb. Welchem Stil stand ich näher, welchem sollte ich nacheifern? Darüber grübelte ich immer wieder. So also kam ich über Dōgen in die klassische Literatur hinein, ging von da zur Dichtungstheorie über, zum Tanka, zum Haiku. Dies alles verstärkte meinen Eindruck, daß wir heute eine wichtige Traditionslinie des Japanischen übersehen, auch wenn es vereinzelt Leute geben mochte wie etwa Ishikawa Jun, die noch darin bewandert waren. Darum kennt das moderne Japanisch nun nur noch den weichen, lockeren Stil. Einen strengen, gefestigten Stil gibt es nicht. Darüber habe ich seither immer wieder nachgedacht, und es ist mir immer mehr ein Anliegen geworden, nach einem solchen deutlichen, gefestigten Stil zu streben. Einem Stil, der, auch wenn man ihn in eine andere Sprache übersetzt, klar und verständlich bleibt. Deshalb sind mir Leute wie etwa Okakura Tenshin aus

der Meiji-Zeit zum Vorbild geworden, die einerseits den chinesischen Stil beherrschen, andererseits aber auch auf englisch geschrieben haben. Und das hängt wieder mit der Dichtung eng zusammen. Auch wenn ich Gedichte schreibe, möchte ich eine solche Klarheit des Ausdrucks gewinnen. Ich halte nichts von der diffusen, beliebigen Schreibweise, die sich zum Teil in der modernen Dichtung bei manchen jüngeren Leuten breitgemacht hat. Ich halte nichts davon, solchen Moden nachzugeben, sondern meine, daß man sich dagegen zur Wehr setzen soll. Auf diese Weise ist also die klassische Literatur auch für mein eigenes Schreiben wichtig geworden. Aber in der Tat bin ich erst zehn Jahre nach meinem Studienabschluß wirklich da eingedrungen. Erst als ich meinen Job bei der Yomiuri-Zeitung aufgegeben hatte, fand ich Zeit, mich solchen klassischen Studien zu widmen, wobei mir besonders auch Bashō und seine Haiku-Schriften wichtig wurden.

Als freischaffender Dichter und Kritiker

Wie haben Sie eigentlich damals nach dem Abschied von der Yomiuri-Zeitung wirtschaftlich überlebt? Haben Sie sich völlig selbständig gemacht und wollten Sie sich als freier Schriftsteller durchschlagen?

Ja, das war wirklich eine schwierige, riskante Situation. Ich war auf einen Schlag ein armer Mann. Als Abgangszahlung bekam ich nur einen winzigen Betrag. Damals mußten die Journalisten zwar viel arbeiten, waren aber schlecht bezahlt. Was die Abgangsentschädigung betrifft, hatte die Yomiuri-Zeitung, da ich schon mit 32, nach zehn Jahren, aufhörte, praktisch keine Verpflichtung, mir etwas auszuzahlen. Ich hatte tatsächlich mit mehr gerechnet. Zudem hatte ich auch noch Schulden in der Buchhandlung Kinokuniya zu begleichen. Meine Frau hatte sich allerdings damit abgefunden; sie wußte: ‚Der, den ich da geheiratet habe, ist ein ziemlich komischer Kauz.'
Ich hatte ihr auch lange nichts gesagt. Erst kurz vor dem Austritt versuchte ich zu erklären: ‚Wenn ich jetzt fünf Jahre nach Paris gehe, dann kann ich nicht unmittelbar nach der Rückkehr meinen Job aufgeben; das wäre ein allzu schändliches Verhalten, nach der Annahme des begehrten Pariser Postens. Ich muß dann

mindestens noch zehn weitere Jahre bei der Zeitung bleiben. Dann bin ich 47 oder 48 Jahre und nichts mehr wert. Ich könnte nicht mehr an eine literarische Karriere denken. Darum will ich jetzt aufhören.' Darauf sagte sie nach kurzem Nachdenken: ‚Da ist wohl nichts zu machen. Du bist ohnehin einer, der aus dem Rahmen fällt. Tue, wie es dir beliebt. Wenn wir wirklich nichts mehr haben, muß ich wohl eine Nudel-Bude an der Straßenseite eröffnen!' Meine Frau hat eine jüngere Schwester, die ihr sehr nahesteht. Heute ist sie ein bekannte Textilkünstlerin, doch hat sie damit erst viel später angefangen. Damals sagte sie zu meiner Frau: ‚Der Schwager ist nun mal so wie er ist; du mußt dich da drein schicken. Und wenn es wirklich soweit kommt, werde ich mit dir zusammen Nudeln kochen.' (Lachen) Das vergesse ich nie. Die beiden waren wirklich großartig!
Als ich dann bei der Zeitung aufgehört hatte, sagte ein befreundeter Galerist – es war der ehemalige Besitzer der Galerie ‚Minami garō', die jetzt nicht mehr existiert – zu mir: ‚Ōoka, wenn du dort wirklich ausgetreten bist, dann komm doch ein oder zwei Tage pro Woche zu mir. Da ich viel ins Ausland reise, erhalte ich ständig Briefe. Die kannst du mir übersetzen und wenn nötig auch beantworten.' Darauf ging ich einige Zeit beinahe jeden Tag hin und fand so Kontakt zu den unterschiedlichsten Leuten. Diese Galerie war damals ein Ort von großer Anziehungskraft für junge Leute aus der Kunstszene. Die Gespräche mit all diesen Kunstbegeisterten waren außerordentlich anregend. Und abends ging ich mit dem Galeristen trinken, wobei er selbstverständlich die Zeche übernahm. Es war also nicht so, daß wir gerade am Hungertuch genagt hätten. Aber meine Frau begab sich in dieser Zeit nicht selten in die Pfandleihanstalt, um verschiedene Dinge zu verpfänden. Überdies hatten wir ja zwei Kinder; das ältere war fünf Jahre, das jüngere war kurz vor meinem Austritt aus der Zeitung zur Welt gekommen.
Ich traf also 1963/64 in der Galerie *Minami* ziemlich regelmäßig mit Malern, Bildhauern, Tänzern und auch Komponisten zusammen und freundete mich mit ihnen an, zum Beispiel mit Takemitsu Tōru.

Sie verkehrten also viel mehr mit bildenden Künstlern und Musikern als mit Schriftstellerkollegen?

Mit Schriftstellern habe ich seit jener Zeit wenig Kontakt. Überhaupt haben Dichter mit Prosaschriftstellern wenig gemein, sind nicht auf einen Austausch angewiesen. Die Bekanntschaft mit all den erwähnten Leuten war ein ungeheurer Gewinn für mich. Und als Folge davon hat sich auch meine Dichtung verändert.

Das ist sehr wohl nachvollziehbar. Doch hat sich die Dichtung in den sechziger Jahren ja allgemein gewandelt. Es bildete sich eine Stilrichtung heraus, die man etwa mit dem Begriff „Sprachsuprematismus" umschrieben hat. Die neuen Poeten brachten lange, wortreiche Gebilde zu Papier, zum Beispiel Yoshimasu Gōzō oder Amazawa Taijirō. Ist nicht bei Ihnen selbst auch eine solche Tendenz festzustellen, in Gedichten wie „Wörter, Wörter"?

Dieses Gedicht kommt bei mir gleichsam aus einem Hypozentrum, aus einer Tiefenschicht. Die genannten Kollegen gehen aber viel weiter in diese Richtung als ich. Bei mir hat das eine Grenze. Ein jeder kann letztlich nicht aus seiner eigenen Welt ausbrechen, mag er die Wörter noch so geschickt drehen und wenden. Einer, der sich das zutraut, mag diesen Weg beschreiten. Ein anderer mag soviel schreiben, wie er will, es kommt nichts Lesenswertes dabei heraus. Wie dem auch sei, ich jedenfalls fand unter den bildenden Künstlern meine idealen Gesprächspartner, und zwar nicht nur unter Japanern. In der Galerie traf ich zum Beispiel auf Sam Francis aus Amerika oder, um einen Plastiker zu nennen, auf Jean Tinguély aus der Schweiz.

Ach wirklich, Sie haben ihn gekannt?

Ich war sogar befreundet mit ihm.

Haben Sie ihn etwa in Paris getroffen?

Nein, hier in Tōkyō. Er ist einige Male hier gewesen. Das erste Mal kam er im Frühling 1964. Damals wurde die Galerie für einen Monat geschlossen, damit er ungestört arbeiten konnte. Er ging bis nach Kawasaki auf einen Schrottplatz, um allerhand Materialien zusammenzusuchen. In der Minami-Galerie bearbeitete er die Schrotteile und setzte sie zusammen, einen ganzen

Monat lang. Ich hatte freien Zutritt und freundete mich mit ihm an. Wir gingen zusammen trinken, ich führte ihn in ein Nō-Spiel, in eine Sumō-Vorstellung und anderswo hin. Wir waren wirklich sehr vertraut miteinander. Mit seinen Maschinen, die er in der Minami-Galerie zusammenbaute, hatte er durchschlagenden Erfolg. Auch mein Sohn, damals fünfjährig, kam mit. Die Maschinen machten einen bleibenden Eindruck auf ihn; er spielte auch mit Tinguély, und er zehrt heute noch von diesen Erlebnissen, wenn er z. B. im Fernsehen als Kunstkritiker auftritt.

Auch noch mit anderen berühmten Leuten, wie etwa Joan Miró, traf ich auf diese Weise zusammen. Gleichzeitig übersetzte ich Texte aus dem Französischen und Englischen über solche Berühmtheiten, die dann in den Ausstellungskatalogen abgedruckt wurden. Bei solchen Gelegenheiten entstand auch manches Gedicht, zum Beispiel für Sam Francis. Unter dem Einfluß des Surrealismus und durch das persönliche Zusammentreffen und manchmal auch die Zusammenarbeit mit solchen Künstlern veränderte sich meine Dichtweise entscheidend.

Paris – Herbst 1963

Mein Interesse für die bildende Kunst hatte auch noch andere Folgen. 1963 fand zum so und sovielten Male die Pariser Biennale statt. Dazu wurde ich eingeladen! Denn es gab in diesem Jahr eine Sektion für Kunst und Sprache, an der auch jemand aus Japan teilnehmen sollte. So kam es, daß ich im Oktober 1963 anstatt als Zeitungskorrespondent nun in der Eigenschaft als Dichter nach Paris flog.

Und wie lange dauerte der Aufenthalt?

Eigentlich war ein Woche vorgesehen, aber ich bin ganze drei Monate geblieben. Und ich nahm alles Geld mit, das mir noch verblieben war. Wirklich unglaublich! Aber im Nachhinein erwies sich die Investition als richtig; es kam zu höchst interessanten Konstellationen. Zunächst also rezitierte ich eigene Gedichte innerhalb der Biennale und stellte die moderne japanische Lyrik allgemein vor. Dafür hatte mir ein befreundeter französicher Journalist in Tōkyō die Texte bereitgestellt, die er in Zusammenarbeit mit einer Japanerin ins Französische übersetzt hatte.

Nachdem diese Woche zu Ende war, geschah das Unerwartete: Ich hatte in der Minami-Galerie einen japanischen Unternehmer kennengelernt, einen Mann namens Yamamura Tokutarō. Seine Firma stellte im Kansai-Gebiet Flaschen her, z. B. für Suntory Whisky und dergleichen. Gleichzeitig war er ein großer Kunstsammler, der es auf japanische und ausländische Gegenwartskunst abgesehen hatte. Er besaß aber weder genügend Sprachkenntnisse noch Kenntnisse über die neuesten Entwicklungen in der Kunstwelt. Da er mich von der Minami-Galerie her kannte, fragte er mich, als er hörte, ich würde nach Paris gehen: ‚Ōoka, Sie haben ja dort nur eine Woche lang zu tun. Ich werde, wenn diese Zeit um ist, nach Paris kommen, und dann begleiten Sie mich doch bitte auf meinen Streifzügen durch die Galerien und Ateliers.' Ich hielt entgegen, es sei ja auch für mich der erste Pariser Aufenthalt, ich könne ihm so kaum von Nutzen sein. Aber er ging nicht drauf ein. Er war etwa fünf, sechs Jahre älter als ich, also auch noch jung; ein Absolvent der technischen Abteilung in der Universität Osaka, ein hochintelligenter Mann, der sich neben seinem Job und seiner Sammlerleidenschaft mit Heisenberg und dergleichen befaßte – ein für die damalige Zeit völlig neuer Typ von Unternehmer, vergleichbar etwa mit Herrn Fukuhara, dem Präsidenten der Kosmetikfirma Shiseidō. Er war ein ernster, schweigsamer Mensch. ‚Was soll ich mich mit dem in Paris herumtreiben!' dachte ich und war ganz baff über dieses Ansinnen. Aber ich konnte mich ihm nicht gut entziehen. Und wirklich, in Paris stand er immer um sechs Uhr auf und zog sich abends früh zurück. Wir wohnten im gleichen Hotel. Mein Lebensrhythmus war aber im Vergleich zu dem seinigen um einen halben Tag verschoben. Ich sagte: ‚Herr Yamamura, also ich stehe erst gegen Mittag auf!' So spazierte er ganze Vormittage für sich herum, ohne etwas zu essen. Und wenn wir dann ins Restaurant gingen, hatte er nach dem Aperitif schon genug. Er aß kein Fleisch und kaum etwas anderes. Wohin man auch ging, der Ober verzog das Gesicht bei einem solchen Gast.

Mußten wenigstens Sie selber sich keine Zurückhaltung auferlegen?

Ich mußte mich dann eben nicht selten über zwei Portionen hermachen. Wenn die Bedienung dastand und die Bestellung aufnehmen wollte, konnte man nicht gut nur eine kleine Vorspeise für ihn bestellen. Was den Ankauf von Kunstwerken betraf, sagte er: ‚Geld spielt keine Rolle!' Ich hatte damals kaum eine Ahnung von Preisen und vom Wert des Geldes überhaupt. Ich schaute nur hin und sagte: ‚Das ist gut, und das ist gut!' Auf diese Weise kaufte er tatsächlich drei oder vier Werke, die nach heutigen Begriffen etwa 100 Millionen Yen (ca. 1,4 Millionen DM) kosteten. Anfangs wurden wir in den Galerien wie Luft behandelt. Ich war jung und von kleiner Statur, und auch er sah außerordentlich jugendlich aus. Wenn wir nach Top-Qualität fragten, schnitten die nur eine Grimasse. Einmal aber entdeckten wir etwas ganz Hervorragendes. Ich sagte: ‚Das ist hervorragend, das müssen Sie kaufen!' Er: ‚Ah wirklich? Gut, mir gefällt's auch.' Er nahm es, ohne sich weiter zu besinnen oder zu verhandeln und ließ es auf seinen Namen an die Minami-Galerie schicken. Die Nachricht über diese beiden komischen Kerle und ihren Kauf verbreitete sich wie ein Lauffeuer durch alle Galerien von Paris.

Gehörten denn Japaner nicht schon damals zu den großen Kunden?

Kaum. Die Kunsthändler machten ein Gesicht, wie wenn sie sagen wollten: Japan, wo liegt das schon? Danach aber standen uns alle Türen offen und man führte uns gleich in die hinteren Räume, wo die wirklichen Schätze lagerten.

Hat er denn bar bezahlt? Ist er mit so viel Geld in der Tasche herumgelaufen?

Jawohl. Zumindest am Anfang. Als das Bargeld zu Ende war, kamen die Schecks dran. Natürlich überprüfte man ihre Validität. Auf diese Weise entpuppte sich der Käufer als Besitzer einer großen japanischen Firma. Alles Beste, was vorhanden war, wurde uns vorgeführt. Und Herr Yamamura kaufte: Léger, Kandinsky, Arp. Von Arp zwei Stücke. Über eine Galerie konnten wir sogar sein Atelier besuchen. Eine sehr zuvorkommende, liebe Galeristin war das; sie sagte: ‚Ich kenne Arp sehr gut, ich werde Sie hinbringen.' Wir trafen also Arp und seine zweite Frau. Er ließ uns in den Garten treten, wo seine Skulpturen standen und

sagte: ‚Sie können haben, was Sie wollen.' Herr Yamamura kaufte auf der Stelle zwei Stück. Sie waren sehr zufrieden und lobten meine guten Augen. Es folgten darauf höchst interessante Gespräche mit Arp. Er haßte Flugzeuge und sagte, er würde niemals nach Japan gehen, so viel man ihn auch einladen würde. Dann begann er vom Dadaismus zu sprechen in der Meinung, wir hätten keine Ahnung davon. Ich erzählte ihm, was ich über den Surrealismus wußte, was Arp selber in dieser Zeit alles getan hatte, wie schade es sei, daß Arps erste Frau Sophie Täuber so früh gestorben sei. Natürlich zeigte er sich darüber verwundert, und als ich hinzufügte: ‚Sie sind eben ein berühmter Mann', da war er hocherfreut.
Einen weiteren wichtigen Besuch konnten wir der Witwe Kandinskys abstatten. Nina Kandinsky lebte damals an der Seine, irgendwo in der näheren Umgebung von Paris, in einem Luxusappartement. Auch da konnten wir viele Werke sehen, und Herr Yamamura kaufte zwei Bilder. Übrigens wurde Nina einige Jahre später daselbst von einem Einbrecher ermordet! Alles in allem kaufte Herr Yamamura etwa zwanzig Werke: Dubuffet und noch andere; von den wichtigsten Vertretern der Nachkriegsmalerei je ein Stück. In einem Fall reisten wir bis in die Schweiz, um ein Bild zu erstehen.
Als mein Begleiter dann, etwas vor mir, nach Japan zurückkehrte, standen die Belegschaften seiner Firma im Streik und die wirtschaftliche Lage hatte sich verschlechtert. Er mußte einen Teil der gekauften Werke gleich wieder abstoßen, teils in Japan, oder gar zurück nach Europa. Die besten Stücke aber vermachte er schließlich unter dem Namen seiner Mutter dem Nationalmuseum für westliche Kunst in Tōkyō. Deshalb habe auch ich dort immer noch einen guten Namen, weil wir beide gemeinsam vor mehr als dreißig Jahren mit eigenen Augen und aufgrund eigenen Urteilsvermögens all diese bedeutenden Werke zusammengetragen haben. Das ist auch der Grund, warum ich in Japan als Kunstkritiker fast bekannter bin als als Dichter.

Japanische Klassiker – Sprachexperimente – Kettendichtung

Haben Sie denn in Paris keine literarischen Verbindungen geknüpft?

Mit den Organisatoren der Biennale habe ich z. T. immer noch
Kontakt – es sind Dichter und Theaterkritiker usw., Leute etwa
im gleichen Alter wie ich. Einen habe ich vor kurzem bei meinen Vorträgen im Collège de France nach dreißig Jahren wiedergesehen.
In jener Zeit schwirrte mir neben dem Japanischen das Französische im Kopf herum. Manches ist von da her beeinflußt. Ich
wollte eine Brücke zwischen den Kulturen schlagen; ich dachte
viel über das Verhältnis der Sprachen untereinander nach, mit
Einschluß des Englischen. Auf das Verlangen von Sam Francis
hin versuchte ich zum Beispiel, einige meiner Gedichte ins Englische zu übertragen, die er dann teilweise seinen Arbeiten zugrundelegte. Das Verhältnis des Japanischen zu den westlichen
Sprachen war in dieser Zeit eine Inspirationsquelle für mich –
es handelte sich also um einen völlig anderen Ausgangspunkt,
verglichen etwa mit Yoshimasu Gōzō und verwandten Kollegen.
Ich schrieb zwar regelmäßig Gedichte, gab aber lange keine einzige Sammlung heraus. Das hat sich für meine Dichterkarriere
als recht negativ erwiesen. Erst 1968 faßte ich alles bis dahin Entstandene in einem dicken Sammelband mit dem Titel *Ōoka Makoto shishū* zusammen.

*Aus Ihrer Erzählung geht hervor, welche turbulente und auch risikoreiche
Zeit Sie nach ihrem Abschied von der Zeitung durchlebt haben. Sie hielten sich vom Oktober 1963 bis Anfang 1964 in Paris auf, hatten dort
und in Tōkyō die verschiedensten Begegnungen mit Künstlern aller Art,
und das führte Sie zu einer Erweiterung und Verlagerung Ihrer Interessen, zu einer inneren Umstellung. Wie wichtig und fruchtbar das alles
für die Entwicklung Ihrer Persönlichkeit und Ihres Schaffens gewesen sein
muß, läßt sich leicht erahnen. Auf der andern Seite befanden Sie und Ihre
Familie sich in einer materiell prekären Lage. Ich nehme an, das war der
Hauptgrund für die Übernahme einer Professur an der Meiji-Universität
in Tōkyō?*

Ich habe sie zwar nicht direkt gesucht, war aber froh darüber.
Nach zwei Jahren des freien Schwebens hat man mir durch gute
Beziehungen diese Professur angetragen. ‚Der Ōoka, der scheint
in der letzten Zeit nirgends angestellt zu sein. Schade, daß seine
Talente brachliegen. Fragen wir bei ihm an, ob er nicht an unsere Uni kommen will', so hieß es. Man machte mir den Vor-

schlag, in der juristischen Fakultät einzusteigen, und das war gut für mich. In der Literaturabteilung hätte ich sämtliche Jahrgänge intensiv betreuen und sogar bei der Stellensuche der Absolventen behilflich sein müssen. Das wäre nichts für mich gewesen. An der juristischen Fakultät dagegen hielt ich Vorlesungen für die Studenten im ersten und zweiten Jahr, die ja im Hauptfach Recht studierten. Ich hatte also weder mit Qualifikationsarbeiten noch mit Zwischenprüfungen noch mit Stellensuche etwas zu schaffen. Beim Anstellungsgespräch fragte ich auch noch, wie es mit den Ferien stehe. ‚Als Professor bekommen Sie selbstverständlich das normale Gehalt auch in den Ferien‘, antwortete man mir – und da fiel mir wirklich ein Stein vom Herzen. (Lachen) So übernahm ich also diesen Posten als Professor. Es gab zwar Texte und Lehrbücher, die man benutzen konnte, aber in meinen Vorlesungen dozierte ich meistens einfach drauflos über das, was mich gerade interessierte. Das fand bei den Studenten großen Anklang. Es kommt auch jetzt noch vor, daß mir ehemalige Studenten, wenn ich mit ihnen zusammentreffe, Komplimente machen. Im übrigen trat ich am ersten Tag absichtlich mit einem roten Hemd auf und setzte mich auch so im Professorenzimmer hin. Das erregte natürlich einen ziemlichen Wirbel. ‚Was ist das für ein Kerl‘, wurde gefragt. Da war z. B. ein alter Professor und Haiku-Dichter, einer der letzten Schüler von Natsume Sōseki. Er regte sich sehr auf über die Frechheit, mit einem roten Hemd in diesen Kreis einzubrechen. Doch kamen wir bald gut miteinander aus, besonders nachdem er erfahren hatte, daß ich meine Abschlußarbeit seinerzeit über Natsume Sōseki geschrieben hatte. Es war im ganzen eine anregende Zeit an der Meiji-Universität. Ich hatte die Stellung nicht weniger als 22 Jahre inne.

Würden Sie zum Abschluß noch kurz Ihre dichterischen Bestrebungen seit dem Ende der sechziger Jahre skizzieren?

Wie schon gesagt, waren die sechziger Jahre für mich eine Zeit des Suchens und Ausprobierens. Es entstand Manches, was von den Möglichkeiten der japanischen Sprache her gesehen in einem Grenzbereich angesiedelt war. Auf der einen Seite beschäftigte mich die moderne Dichtung des Westens, besonders der Surrealismus. Auf der anderen Seite las ich mehr und mehr klassische Texte. Auf der einen Seite trachtete ich danach, mich mit westlichen Zeitgenossen zu messen, auf der anderen Seite wollte ich meine Eigenständigkeit entwickeln und sagte mir: dazu habe ich nur das Japanische. Das Gegenwartsjapanische kam mir jedoch schal vor und interessierte mich wenig. Immer mehr faszinierten mich dagegen die verschiedenen Ausprägungen der klassischen Sprache, sei es als chinesisch beeinflußter Stil *(kanbun)*, sei es als japanischer Stil *(wabun)* wie etwa im *Tsurezuregusa*, sei es als klassische Lyrik. Ich versuchte also, solche weit auseinanderliegenden Dinge in einem Kraftakt irgendwie unter einen Hut zu bringen und hatte wahrscheinlich ein ziemliches Durcheinander im Kopf.

Die Gedichte, die ich damals schrieb, wurden, von Einzelfällen abgesehen, wenig beachtet, und ich selber war mir nicht im klaren, wie das weitergehen sollte. Das war mit ein Grund, mein Tätigkeitsfeld zu Beginn der siebziger Jahre nochmals zu erweitern: Ich schrieb für das Radio, für das Fernsehen, für das Theater und verfaßte sogar das eine oder andere Filmskript, u. a. im Zusammenhang mit der Weltausstellung in Osaka 1970, die einen euphorischen Innovationsschub bei den Medien mit sich brachte. Die japanische Gesellschaft befand sich in heftiger Bewegung und erreichte damals den Höhepunkt der Konjunktur. Die Protagonisten dieser Entwicklung sahen sich als Bannerträger und einzige Vertreter einer neuen Kultur. So etwas wie Dichtung war in ihren Augen bereits von gestern. Ich machte zwar auch in einem gewissen Grad mit, erkannte aber bald, daß ich z. B. mit meinem Interesse für die klassische Literatur eher gegen den Strom schwamm. Auch die anderen Künstler – Maler, Musiker usw. – merkten nach einigen Jahren, daß sie von den neuen Medien und dem dahinter stehenden Kapital vereinnahmt wurden, daß alles kommerzialisiert wurde, und daß diese Entwicklung in eine Sackgasse führte. Das schockierte und verunsicherte die Leute.

Dies war nun der Zeitpunkt, von dem an man mich in einem breiteren gesellschaftlichen Rahmen zur Kenntnis nahm. Meine schon lange dauernde unkonventionelle Beschäftigung mit der älteren Literatur verschaffte mir eine gewisse Vorläuferrolle. Mein Buch über eine zentrale Figur der klassischen Dichtung, Ki no Tsurayuki – in diesem Zusammenhang entstanden – erschien 1972 und fand nach einiger Zeit großen Widerhall.

Auch die für einen Literaten unwahrscheinlich früh zusammengestellte Gesamtausgabe von 1977-78 war wohl nur im Kontext des plötzlich gestiegenen Renommees denkbar?

Diese Gesamtausgabe in 15 Bänden war die Idee des Verlags Seidosha. Ich sagte zwar, das sei doch viel zu früh. Aber der Verleger wollte unbedingt etwas ein bißchen Ausgefallenes machen und drängte mich dazu. Entsprechend war die Reaktion bei gewissen Leuten. Ein Dichterkollege schrieb unter Pseudonym im folgenden Stil: ‚Ōoka, beiß' ins Gras! Was für eine Frechheit, als Mittvierziger eine Gesamtausgabe zu produzieren!' Trotzdem war diese Ausgabe letztlich ein Erfolg. Es wurde die für einen solchen Fall ungewöhnlich hohe Auflage von 2000 Exemplaren hergestellt, und dennoch ist schon längst kein Exemplar mehr vorrätig.

Abgesehen davon haben Sie seit 1968 ziemlich regelmäßig Gedichtbände publiziert.

Ja, alle zwei bis drei Jahre. Man kommt eben nicht darum herum, wenn man sich als Dichter wirklich profilieren möchte.

Und hat sich Ihr dichterischer Ausdruck irgendwie weiterentwickelt?

Die deutlichste Änderung läßt sich auf bestimmte Unternehmungen zurückführen, die anfangs der siebziger Jahre einsetzten. Ich begann 1972 mit den Dichterfreunden der Kai-Gruppe sogenannte Renshi, moderne Kettengedichte, zu schreiben. Der Anlaß, der dazu führte, war das vorangehende Verfassen von klassischer Kettendichtung *(renku)* nach den überlieferten strengen Regeln. Der Bashō-Spezialist Andō Tsuguo, der gleichzeitig auch als moderner Dichter einen Namen hat, wollte unbedingt einmal diese überlieferte Form ausprobieren und ernannte mich und den Schriftsteller Maruya Saiichi gleichsam zu seinen Schülern oder Gefolgsleuten. Andō ist ein interessanter Mann mit herausragenden Fähigkeiten, der sich aber gerne ein bißchen aufs hohe Roß setzt. Wir wurden also für einige Jahre seine Schüler. Das war für mich eine äußerst fruchtbare Erfahrung. Beim Renku muß man das, was man sagen will, in einer einzigen Zeile, in einer bestimmten Silbenzahl unterbringen. Gleich-

zeitig muß die Zeile eine Anschlußmöglichkeit bieten, eine Offenheit besitzen, damit der nächste Dichter darauf Bezug nehmen kann. Über dieses Phänomen von Abbruch und Verknüpfung habe ich viel nachgedacht, das hat mich seither immer fasziniert und hat sich auch auf meinen eigenen Gedichtstil ausgewirkt. In den Gedichten der siebziger und achtziger Jahre gibt es immer wieder Brüche, Sprünge und Umschläge, die aber im Hintergrund doch einen Zusammenhang implizieren. Eine Folge davon ist, daß viele Leser oder auch jüngere Dichterkollegen, die kein Wissen und keinen Bezug zu solchen Verfahrensweisen haben, sich wundern: Ōokas Wörter und Sätze sind im einzelnen durchaus einfach und nachvollziehbar; warum nur ist das Ganze so schwer verständlich? Hier liegt mein Problem als Dichter: Wie kann ich jüngeren Leuten ohne viel Voraussetzungen nahebringen, worum es mir geht und wie meine Gedichte zu lesen sind?
Damit ist wenigstens in einer Hinsicht die Richtung umschrieben, die ich bis heute mehr oder weniger verfolge.

BIOGRAPHISCHE CHRONIK
ŌOKA MAKOTO

1931 Geboren am 16. Februar in Mishima, Präfektur Shizuoka, im Süden des Berges Fuji. Sohn des Pädagogen und Tanka-Dichters Ōoka Hiroshi.

1937 Einschulung daselbst.

1943 Besuch der Mittelschule (chūgakkō) im benachbarten Numazu.

1946 Nach dem Kriegsende Kontakt mit moderner Lyrik. Erste dichterische Versuche: zunächst Tanka, dann Gedichte im modernen Stil.

1947 Besuch des Gymnasiums von Numazu, Unterkunft im Schülerheim. Terada Tōru als Lehrer, der spätere Romancier Hino Keizō als Schulkamerad. Lektüre französischer Lyrik, besonders Baudelaire.

1950 Beginn des Studiums an der Tōkyō-Universität, Abteilung für japanische Literatur. Jedoch fast ausschließlich Beschäftigung mit westlicher Dichtung und Essayistik, besonders mit Paul Eluard. Sporadische Veröffentlichungen.

1953 Studienabschluß mit einer Arbeit über Natsume Sōseki. Arbeitsantritt in der Auslandsredaktion der Yomiuri-Zeitung.

1954 Anschluß an die Dichtergruppe „Kai" (Das Ruder). Lernt den führenden Lyrik-Verleger Date Tokuo, den Besitzer des Verlags Yuriika (Eureka), kennen. Erstmals erscheinen Gedichte innerhalb einer Anthologie mit Nachkriegslyrik.

1955 Erste Buchpublikation: „Gendaishi shiron" (Essays zur modernen Dichtung) im Verlag Yuriika.

1956 Erster Gedichtband: „Kioku to genzai" (Erinnerung und Gegenwart), Verlag Yuriika.

1957 Heirat mit Aizawa Kaneko (späteres Pseudonym als Dramatikerin: Fukase Saki) aus Numazu. Mitarbeit bei der Zeitschrift „Kyō" (Heute).

1958 Geburt des Sohnes Akira.

1959 Gründung der surrealistisch geprägten Lyrikzeitschrift „Wani" (Das Krokodil) zusammen mit den Dichtern Yoshioka Minoru, Iijima Kōichi, Kiyooka Takayuki, Iwata Hiroshi. Von 1959 an Kontakt zur Galerie „Minami Garō".

1960 Erstes Hörspiel. Kunstkritiken. Bekanntschaft mit Sam Francis.

1962 Das Gedicht „Kanshō" wird von Takemitsu Tōru vertont.

1963 Geburt der Tochter Aki. Austritt bei der Yomiuri-Zeitung. Freier Schriftsteller. Erste Reise nach Paris.

1964 Verkehrt u. a. in der Galerie ‚Minami' mit bildenden Künstlern des In- und Auslands, z. B. Jean Tinguély und Sam Francis.

1965 Der Essayband „Auge – Sprache – Europa" erscheint in Kunstverlag. Professur an der Meiji-Universität in Tōkyō (bis 1987).

1968 Erste Gesamtausgabe der Gedichte im Verlag Shichōsha.

1969 Erstes Drama, von der Truppe ‚Kumo' aufgeführt. Ōoka erhält seinen ersten Literaturpreis, den Rekitei-Lyrikpreis.

1971 Von da an Anregung und Beteiligung an Kettengedicht-Runden, klassisch (renku) und modern (renshi).

1972 Yomiuri-Literaturpreis für die Abhandlung „Ki no Tsurayuki".

1974 Bearbeitung der „Trojanerinnen" des Euripides für die Avantgarde-Truppe Waseda-shōgeki-jō und ihren Leiter Suzuki Tadashi. Literatur-Chronist bei der Asahi-Zeitung (bis 1977).

1976 Erstmals Teilnahme am Festival ‚Poetry International' in Rotterdam. Mit einer Schriftstellerdelegation Reise nach China.

1977 Gesamtausgabe sämtlicher Schriften in 15 Bänden beim Verlag Seidosha.

1978 Amerikareise auf Einladung der Japan Society, New York.

1979 Beginn der Serie „Oriori no uta" auf der Titelseite der Asahi-Zeitung, die bis heute erscheint: meist klassische Tanka oder Haiku mit Kurzkommentar. Amerikareise. Verleihung des Mugen-Lyrikpreises.

1980 Erste Sammlung von „Oriori no uta" in Buchform. Dafür Kikuchi Kan-Preis.

1981 Reise nach Europa und Amerika, halbjähriger Aufenthalt in Paris, dann in Michigan (USA). Vorübergehende Heimkehr wegen Tod des Vaters. (Vgl. das Gedicht „Herbstliches Prosit").

1982 Publikation der ersten internationalen Kettendichtung (renshi), japanisch-englisch, zusammen mit Thomas Fitzsimmons: „Rocking Mirror Daybreak". Ōokas erster Gedichtband in Englisch erscheint: „A String around Autumn".

1983 Teilnahme an einem Symposium in Stockholm. In der New-Yorker Carnegie Hall wird das Werk „Rocking Mirror Daybreak" in der Vertonung von Takemitsu Tōru aufgeführt.

1985 Reisen nach Berlin, Paris und Taegu (Korea). Im Rahmen des Festivals „Horizonte '85" in Berlin Teilnahme an der ersten Kettengedicht-Runde zwischen japanischen und deutschsprachigen Dichtern (zusammen mit Karin Kiwus, Guntram Vesper und Kawasaki Hiroshi). Erstmalige Kettengedichte ebenfalls in Rotterdam und in Finnland.

1986 Teilnahme an PEN-Kongressen in New York und Hamburg sowie erstmals an einer Kettengedicht-Veranstaltung in Paris. Reisen nach Holland, Dänemark und Finnland.

1987 Rücktritt als Professor an der Meiji-Universität. Mitbegründer der Vierteljahres-Zeitschrift „Kashin". Vortragsreise nach Paris, Mailand, Rom. Teilnahme am Poesie-Festival in Rotterdam. Im November zweite deutsch-japanische Berliner Kettengedicht-Veranstaltung (zusammen mit H. C. Artmann, Oskar Pastior, Tanikawa Shuntarō). Anschließend Dichter-Abend in Zürich (Moderation: Eduard Klopfenstein).

1988 Übernahme einer Professur an der Tōkyō geijutsu daigaku.

1989 Präsident des japanischen PEN-Clubs (bis 1993). Reise nach Frankreich, Italien, Schweiz, Finnland, Schweden. Hanatsubaki-Lyrikpreis der Firma Shiseidō.

1990 Preis des Erziehungsministers für herausragende künstlerische Leistungen. Reisen nach Lüttich, Barcelona und Lyon. Anläßlich der Frankfurter Buchmesse dritte Kettengedicht-Runde zwischen japanischen und deutschsprachigen Dichtern (zusammen mit Gabriele Eckart, Uli Becker und Tanikawa Shuntarō). Ernennung zum Chevalier de l'Ordre des Arts et des Lettres durch die französische Regierung. Ōokas Sohn Akira erhält als Romanschriftsteller den wichtigsten japanischen Literaturpreis, den Akutagawa-Preis.

1991 Vorträge und Kettendichtung auf Hawaii. Vortrag in Stockholm. Kettendichtung in Lahti, Finnland, zusammen mit finnischen und estnischen Dichtern. Teilnahme an Poetry International in Rotterdam. Auftritt zusammen mit Gary Snyder in Tōkyō, desgleichen mit Juliette Gréco.

1992 Im Auftrag der Japan Foundation Reise nach Peking. Der zehnte Band von „Oriori no uta" erscheint. Kettengedicht-Runde in Atami/Tōkyō.

1993 April: Kettengedicht-Runde in Paris. Im Juni erstmals Kettengedicht-Veranstaltung in der Schweiz; viersprachig: Japanisch, Deutsch, Französisch, Italienisch (zusammen mit Tanikawa Shuntarō, Beat Brechbühl, Eliane Vernay, Alberto Nessi sowie 8 Übersetzer/innen – Organisation: Eduard Klopfenstein, Präsidialamt der Stadt Zürich).
September: Vierte Kettengedichtrunde zwischen japanischen und deutschsprachigen Dichtern in Berlin (zusammen mit Elke Erb, Durs Grünbein und Takahashi Junko). Tod der Mutter. Kulturpreis der Stadt Tōkyō. Ernennung zum Officier de l'Ordre des Arts et des Lettres durch die französische Regierung.

1994 Vorlesungen am Collège de France, Paris.

1995 Wahl zum Mitglied der Japanischen Akademie der Künste.

1996 Verleihung des bedeutenden internationalen Dichterpreises ‚Golden Wreath of Struga Poetry Evenings' (Struga, Mazedonien).
Zu Neujahr 1997 ausgezeichnet mit dem Asahi-Preis 1996.

LITERATURHINWEISE

1. Gedichtsammlungen von Ōoka Makoto

Kioku to genzai (Erinnerung und Gegenwart). Shoshi Yuriika 1956. (Gedichte 1949–1956.)

Ōoka Makoto shishū. (Gedichtsammlung von Ō. M.) Konnichi no shijin sōsho 7. Shoshi Yuriika 1960. [Enthält die folgenden Sammlungen:
Kioku to genzai (Erinnerung und Gegenwart). Auswahl.
Tenchō suru rabu songu (Modulation eines Love-songs). (Gedichte 1956–1959).]

Waga shi to shinjitsu. (Meine Dichtung und Wahrheit). Gendai Nihon shishū. Shichōsha 1962. (Gedichte 1960–1962).

Ōoka Makoto shishū. (Gedichtsammlung von Ō.M.) Shichōsha 1968. (Gesamtausgabe). [Enthält die voranstehenden Sammlungen, sowie dazu neu:
Monogatari no hitobito. (Geschichten-Menschen). (Gedichte 1951–1959).
Koe no panorama. (Stimmen-Panorama). (Gedicht 1965).
Mizu no seiri. (Physiologie des Wassers). (Gedichte 1960–1967).
Kentei shishū. (Dargereichte Gedichte). (Gedichte 1957–1967).
Waga yoru no ikimonotachi. (Die Lebewesen meiner Nacht). (Gedichte 1961–1967).
Hakobune – shoki shihen. (Arche – Frühe Gedichte). (Gedichte 1947–1952).]

Kanojo no kaoru nikutai. (Ihr duftender Körper). Yukawa shobō 1971. (Prosagedicht 1969).

Tōshi zuhō – natsu no tame no. (Perspektivisches Zeichnen – Für den Sommer). Shoshi Yamada 1972. (Gedichte 1966–1970).

Yūsei no negaeri no shita de. (Unter den schlaflosen Planeten). Shoshi Yamada 1975. (Gedichte 1968–1974).

Hika to shukutō. (Elegien und Segnungen). Seidosha 1976. (Gedichte 1971–1975).

Ōoko Makoto chosakushū. (Gesammelte Werke von Ō. M.). 15 Bände. Seidosha 1977–78.
[Die Bände 1–3 enthalten alle obenstehenden Sammlungen, dazu noch neu:
Suitei suiteki – Shoki shihen. (Flötenblasen am Grunde des Wassers – Frühe Gedichte). Diese Sammlung umfaßt Gedichte von 1946–1952, darunter auch die 1968 unter dem Titel Hakobune publizierten. Siehe oben.]

Haru – shōjo ni. (Frühling – für ein Mädchen). Shoshi Yamada 1978. (Gedichte 1973–1978).

Kai, renshi. (Kettengedichte der Kai-Gruppe). Shichōsha 1979. Zusammen mit Ibaragi Noriko, Kawasaki Hiroshi, Kishida Eriko, Tanikawa Shuntarō, Tomotake Tatsu, Nakae Toshio, Mizuo Hiroshi, Yoshino Hiroshi. [Enthält 11 Renshi-Zyklen aus den Jahren 1971 – 1978].

Suifu – Mienai machi. (Wasser-Zone – Unsichtbare Stadt). Shichōsha 1981. (Gedichte 1979–81).

Sōfu nite. (In der Gras-Zone). Shichōsha 1984. (Gedichte 1976–1984).

Shi to wa nani ka. (Was ist Dichtung?). Seidōsha 1985. (Gedichte 1984–1985).

Nubatama no yoru, ten no sōjiki sematte kuru (In pechschwarzer Nacht rückt der Himmelsstaubsauger heran). Iwanami shoten 1987. (Gedichtzyklus 1984–1987).

Kokyō no mizu e no messēji (Botschaft an die Wasser meiner Heimat). Kashinsha 1989. (Gedichte 1980–1989).

Chijō rakuen no gogo. (Ein Nachmittag im Paradies auf Erden). Kashinsha 1992. (Gedichte 1981–1992).

Hi no yuigon. (Vermächtnis des Feuers). Kashinsha 1994. (Gedichte 1984–1994).

Shi yonpen – shōshishu. (Vier Gedichte – Kleine Gedichtsammlung). In: Zeitschrift *Gendaishi techō* 8 (1996): 20–25.

2. Publikationen von und über Ōoka Makoto in westlichen Sprachen

ŌOKA Makoto: *A String around autumn.* Selected Poems 1952–1980. English versions by the author and Th. Fitzsimmons. Rochester, Michigan (Oakland University): Katydid Books 1982. 90 S.

ŌOKA Makoto / FITZSIMMONS, Thomas: „Renshi. Yureru kagami no yoake / Linked Poems: Rocking Mirror Daybreak." In: *Shinchō* Bd. 79, Nr. 3 (1982): S. 208–233.

ŌOKA Makoto / FITZSIMMONS, Thomas: *Renshi. Yureru kagami no yoake / Linked Poems: Rocking Mirror Daybreak.* Tōkyō: Chikuma shobō 1982. 101 S.

ŌOKA Makoto: „La poésie japonaise moderne; réalité et défis". Tr. par Regis Durand. In: *Art Press* 83/4 (1984): S. 39–41.

KLOPFENSTEIN Eduard: „Moderne Kettendichtung *(renshi)*". Referat auf dem VI. deutschen Japanologentag in Köln 1984. In: Mitteilungen der Ges. für Natur- und Völkerkunde Ostasiens (MOAG), Bd.100 (Hamburg 1985): S. 116–131. *[Mit Übersetzung einer japanischen Gedichtkette aus* Kai, renshi *1979, an der Ōoka beteiligt war.]*

ŌOKA Makoto: „Color, colors and colorlessness in early Japanese poetry". In: *Chanoyu Quarterly* (Urasenke Foundation, Kyōto) No. 41 (1985): S. 35–49.

ŌOKA Makoto: „De l'universalité imprévue de la tradition littéraire japonaise". In: *Spirales de la Deuxiéme Renaissance* 46/47 (Mai/Juni 1985): S. 12–25.

ŌOKA Makoto: „Gedichte". Übers. von S. Schaarschmidt. In: *Ein Brief aus der Wüste*. (Anthologie) Literatur aus Japan 2. Berlin: Ostasien-Verlag 1985: S. 93–101.

KAWASAKI Hiroshi / KIWUS, Karin / ŌOKA Makoto / VESPER, Guntram: *Poetische Perlen. Renshi – Ein Fünf-Tage-Kettengedicht*. Übersetzer: T. Matsushita / E. Klopfenstein. Mit Essays von M. Ōoka und E. Klopfenstein. Nördlingen: Franz Greno 1986. 96 S.

ŌOKA Makoto: *Onder de slapeloze planeten*. Vertaald door Noriko de Vroomen. Amsterdam: Meulenhoff 1986. 62 S.

ŌOKA Makoto: „Pòemes, rencontres, la poésie japonaise moderne". Tr. par Jean Kalman et al. In: *Poésie* vol. 86, no. 11 (Januar-Februar 1986): S. 35–53.

ŌOKA Makoto: „The unexpected universality of the Japanese literary tradition". In: *The voice of the writer* (1986): S. 236–242.

Anthologie de poésie Japonaise contemporaine. Préface de Inoue Yasushi, Kiyooka Takayuki et Ōoka Makoto. Paris: Gallimard 1986. [Gedichte von Ō. M.: S. 215–219.]

ŌOKA Makoto: „Reviving classical linked poems abroad". In: *Japan Quarterly* 34, 2 (1987): S. 149–52.

ŌOKA Makoto: „In de grasstad. . ." Vertaald door Noriko and Pim de Vroomen. In: *Het Moment* No. 5 (Zomer 1987): S. 134–142.

ŌOKA Makoto / FITZSIMMONS, Thomas (ed.): *A Play of Mirrors*. Eight Major Poets of Modern Japan. (Asian poetry in translation. Japan; 7). Rochester, Michigan (Oakland University): Katydid Books 1987. [Einleitung und Gedichte von Ō. M.: S. 167–230.]

ŌOKA Makoto: „Gedichte". Übersetzung und Nachwort von Siegfried Schaarschmidt. In: *Akzente* (Hanser Verlag) Heft 4 (Aug. 1987): S. 376–383.

ŌOKA Makoto: „Poétique de la couleur ou poétique du mot «iro» en japonais". Trad. par André Delteil. In: *PO&SIE* (Editions Belin, Paris) No. 40 (1987): S. 107–117.

ARTMANN, H. C. / ŌOKA Makoto / PASTIOR, Oskar / TANIKAWA Shuntarō: *Vier Scharniere mit Zunge. Renshi-Kettendichtung.* Übersetzer: Hiroomi Fukuzawa /Eduard Klopfenstein. München: Verlag Klaus G. Renner 1988. 95 S.

ŌOKA Makoto: „Contemporary Japanese Poetry". In: *World Literature Today* (Univ. of Oklahoma), Vol. 62, No. 3 (Sommer 1988): S. 414–417.

ŌOKA Makoto: „Sieben Gedichte". Ausgewählt und übersetzt von Eduard Klopfenstein. In: *Hefte für Ostasiatische Literatur* 8 (März 1989): S. 50–58.

ŌOKA Makoto / ANKER, Robert / BERNLEF, J./ VAN TOORN, Willem: „Kettingvers in Rotterdam". In: *De Revisor* (Amsterdam) 16, 3 (Juni 1989): S. 64–77.

ŌOKA Makoto: „Linked Poetry: Experiments with Western Poets". In: *Acta Asiatica* (The Tōhō Gakkai, Tōkyō) 56 (1989): S. 90–105.

ŌOKA Makoto: „Gedichte". Eingeleitet und übersetzt von S. Schaarschmidt. In: *Akzente* Heft 5 (Sonderheft: Japanische Lyrik der Gegenwart – Sept. 1990): S. 454–467.

KLOPFENSTEIN, Eduard: „Ōoka Makoto: Kioku to genzai (Erinnerung und Gegenwart)". In: *Kindlers neues Literaturlexikon*, Bd. 12. München: Kindler Verlag 1990: S. 734–735.

ŌOKA Makoto: „Lyrik und Lyriker im Computerzeitalter". In: Schaarschmidt, S./ Mae, M. (Hrsg.): *Japanische Literatur der Gegenwart*. München: Hanser Verlag 1990: S. 172–176.

ŌOKA Makoto: „Sitting in a Circle: Thoughts on Japanese Group Mentality". In: *Japan Echo* Vol. XVII, No.4 (Winter 1990): S. 52–58.

ŌOKA Makoto: „Gedichte". Übersetzung: E. Klopfenstein, Einleitung: Jürgen Berndt. In: Ambrosius, M./Berndt, J./Fukuzawa, H. (Hrsg.): *Momentaufnahmen Moderner Japanischer Literatur*. Berlin: Silver u. Goldstein 1990: S. 84–89.

AMBROSIUS, Mario: *Japanische Schriftsteller in Deutschland – ein fotografisches Tagebuch*. (Enthält diverse Fotoaufnahmen von Ō. M.) Berlin: Verlag Ute Schiller 1991. 72 S.

ŌOKA Makoto: *The Colors of Poetry. Essays in Classic Japanese Verse*. Transl. by Takako U. Lento / Thomas V. Lento. Rochester, Michigan (Oakland Univ.): Katydid Books 1991. 150 S.

ECKART, Gabriele / BECKER, Uli / ŌOKA, Makoto / TANIKAWA, Shuntarō: „Frankfurt Renshi". Übersetzer: Eduard Klopfenstein / Fukuzawa Hiroomi. Gedichte japanisch und deutsch. In: *Herumesu* (Iwanami shoten), 29 (Jan. 1991): S. 108–147.

ŌOKA Makoto: *Elegy und Benediction. Selected poems 1949–1989*. Transl. by W. I. Elliott / K. Kawamura. Tokyo: Jitsugetsu-kan 1991. 109 S.

ŌOKA Makoto: *Poèmes de tous les jours. Anthologie proposée et commentée „Oriori no uta"*. Traduits par Ives-Marie Allioux. Arles: Picquier 1993. 228 S.

ŌOKA Makoto / LUM Wing Tek / STANTON, Joseph / YAMASAKI TOYAMA, Jean: *As the Kite Thinks*. A linked poem. Edited by Lucy Lower. Honolulu: University of Hawai'i at Mānoa (Summer Session) 1994. 74 S.

ADONIS / BHATTACHARYA, L. / JOUFFROY, A. / NOEL, B. / TATI-LOUTARD, J.-B. / ŌOKA, M.: „Renshi". In: *Carava-*

nes. Littératures à découvrir, No. 4. Revue annuelle de littérature dirigée par André Velter. Paris: Editions Phebus (Novembre) 1994: S. 114–125. *[Kettengedicht-Veranstaltung 1993 in Paris, an der Ōoka beteiligt war.]*

ŌOKA Makoto: *A Poets Anthology – The Range of Japanese Poetry.* Transl. by Janine Beichman. Santa Fe: Katydid Books 1994. 200 S.

ŌOKA Makoto: *Beneath the Sleepless Tossing of the Planets.* Selected Poems 1972–1989. Transl. by Janine Beichman. (Asian poetry in translation. Japan; 17). Santa Fe: Katydid Books 1995. 142 S.

ŌOKA Makoto: „Was ist Poesie?" (Gedichtzyklus aus dem gleichnamigen Gedichtband von 1985). Übersetzt von Matthias Hoop. In: Joachim Sartorius (Hrsg.): *Atlas der neuen Poesie.* Reinbek b. Hamburg: Rowohlt 1995: S. 38–52.

ŌOKA Makoto: *Poemas.* Presentación: Kenzaburo OÉ. Traducción: Yurihito Otsuki y María Pastor. Cuadernos del Dragomán. Madrid: Ediciones Torremozas 1995. 47 S.

Haiku d'enfants. Sélectionnés par J. Ashberry, A. Jouffroy, M. Ōoka et O. Paz. Préface de M. Ōoka. Paris: Vilo 1995. 164 S.

ŌOKA Makoto: *Poésie et poétique du Japon ancien.* Traduction de Dominique Palmé. Cinq leçons données au Collège de France 1994–95. Paris: Maisonneuve et Larose 1995. 128 S.

ŌOKA Makoto: „Sechs Gedichte aus neuerer Zeit". Ausgewählt und übersetzt von Eduard Klopfenstein. In: *Hefte für Ostasiatische Literatur* 21 (Nov. 1996): S. 88–94.

KLOPFENSTEIN, Eduard: „Moderne Kettendichtung *(Renshi),* japanisch und international – eine Zwischenbilanz". In: *Asiatische Studien* Bd. L, Nr. 4 (1996): S. 923–960. *[Handelt u. a. über Ōokas Wirken als Förderer und Teilnehmer internationaler Kettengedicht-Veranstaltungen.]*

ŌOKA Makoto: *Poems*. Selection by Paskal Gilevski. Translation by L. Lesnikovski et al. Skopje (Mazedonien) 1996. 228 S. *[Große Gedichtanthologie in mazedonischer Sprache, übersetzt z.T. aus dem Japanischen, z.T. aus dem Französischen und Englischen. Erschienen aus Anlaß der Verleihung des Großen Dichterpreises "Golden Wreath of Struga Poetry Evenings" an Ōoka, im Sommer 1996.]*

Nachbemerkung

Diese Auswahl will dem deutschsprachigen Leser einen Überblick geben über das in viereinhalb Jahrzehnten entstandene dichterische Gesamtwerk von Ōoka Makoto. Zwar liegt der Schwerpunkt auf den letzten zwanzig Jahren; doch wurden bekannte und repräsentative Gedichte aus allen Schaffensperioden aufgenommen. Nicht berücksichtigt sind jedoch die zum Teil längeren Prosagedichte. Ebenso fehlen Beispiele aus einer Werkgruppe, die dem Übersetzer beinahe unüberwindliche Hindernisse entgegenstellt: Texte, die mit meist spielerisch-parodistischer Absicht entweder ganz in klassischer Schriftsprache abgefaßt sind oder motivische, formale und sprachliche Eigenheiten der älteren Literatur in kaum übertragbarer Weise einbeziehen.

Ohne die Unterstützung der JAPAN FOUNDATION während des Winters 1995/96 wäre diese Anthologie vielleicht nie zustandegekommen. Ihr gilt mein besonderer Dank. Zu Dank verpflichtet bin ich ebenfalls dem Autor, Herrn Ōoka, selber. Er war während der ganzen Zeit meines Japanaufenthalts bereit, immer wieder geduldig auf alle möglichen Fragen zu seinen Texten und zu seiner Person einzugehen.

Inhalt

Einleitungsgedicht – Kalligraphie von Ōoka	7
ERINNERUNG UND GEGENWART (1956)	
Zwanzigjährig	9
Für den Frühling	10
MEINE DICHTUNG UND WAHRHEIT (1962)	
Der Oberst und ich	11
PHYSIOLOGIE DES WASSERS (1968)	
Lied der Flamme	13
Physiologie des Wassers	14
DIE LEBEWESEN MEINER NACHT (1968)	
Wörter Wörter	20
ELEGIEN UND SEGNUNGEN (1976)	
Winter	23
Tod und Lächeln	24
FRÜHLING – FÜR EIN MÄDCHEN (1978)	
Geburt der Götter	26
Frühling – für ein Mädchen	27
WASSER - ZONE – UNSICHTBARE STADT (1981)	
Chōfu I (Vorstadt-Zone I)	29
Chōfu III (Vorstadt-Zone III)	30
Chōfu IV (Vorstadt-Zone IV)	32
Renfu – Wellengekräusel-Zone	34
Chōfu V (Vorstadt-Zone V)	35
Reifu – Geister-Zone	36
Suijufu – Wasser-Baum-Zone	37

Keigafu – Leuchtkäfer-Zone 38
Mokufu –Schweige-Zone 40
Sekiyōfu – Abendsonnen-Zone 42
Shifu – Gedicht-Zone 43
Chōfu VIII (Vorstadt-Zone VIII) 45
Suifu – Wasser-Zone 46

IN DER GRASZONE (1984)
Poetisches Prinzip 48
Ich, der Fremde 49
Ziegenhirt 50
Ins Museum 53
Herbstliches Prosit 54
Draußen der Schnee 57
Traum vom lebendig machenden Gedicht 58

WAS IST DICHTUNG? (1985)
History 59
Sechs Zeilen als Abbitte geschrieben 60
Achtzehn Zeilen im Zorn geschrieben 61
Text und Leben 62
Schnee Mond Blüten 64
Kiefer Bambus Pflaumenbaum 66

IN PECHSCHWARZER NACHT RÜCKT DER
HIMMELSSTAUBSAUGER HERAN (1987)
In der Art Goethes 68
„Zivilisation" und „Kultur" 69
Sonderbares Fragment 70
Zurück in Tōkyō 71

BOTSCHAFT AN DIE WASSER MEINER HEIMAT (1989)
Geburtstag 72
Der Anfang dieser Welt 73
Lebensfaden 74
Yashima einstmals 75
Also sprach der Zugvogel 76
Leicht beschwipst 77
Eindruck eines holländischen Dichters 78
Botschaft an die Wasser meiner Heimat 79

FRANKFURTER KETTENDICHTUNG (1990)
    Teile 1, 13, 20, 24, 29, 37 und 40 (ohne Titel)   81

EIN NACHMITTAG IM PARADIES AUF ERDEN (1992)
    Auch diese Erde ist mir halt lieb und teuer   84
    Zeitalter der Arche   86
    Brütender Bambushain   87
    Klee's Laden   89

VERMÄCHTNIS DES FEUERS (1994)
    Mein Vorfahre   90
    Münze   91
    Gefunden   92
    Hotel Belvoir (Rüschlikon)   93
    Vermächtnis des Feuers   94

KLEINE SAMMLUNG VON VIER GEDICHTEN (1996)
    Gedicht! zeig dich schon!   95
    Privatmuseum   96
    Das Gedicht   98

Gespräch mit dem Autor – anstelle eines Nachworts   99

Biographische Chronik Ōoka Makoto   129

Literaturhinweise
    Gedichtsammlungen von Ōoka Makoto   135
    Publikationen von und über Ōoka Makoto in
    westlichen Sprachen   137

Nachbemerkung   143

Inhaltsverzeichnis   145

JAPAN EDITION

Furui Yoshikichi	**Zufluchtsort.** Roman ISBN 3-86124-280-X
Kenzaburō Ōe	**Verwandte des Lebens.** Roman ISBN 3-86124-184-6
Kenzaburō Ōe	**Therapiestation** Roman aus der nahen Zukunft ISBN 3-86124-298-2
Kenko	**Draußen in der Stille** Klassische japanische Weisheit ISBN 3-86124-155-2
Mori Ōgai	**Das Ballettmädchen.** Eine Berliner Novelle ISBN 3-86124-185-4
Akira Abe	**Urlaub für die Ewigkeit.** Erzählung ISBN 3-86124-186-2
Mori Yōko	**Sommerliebe.** Roman, Liebesgeschichten ISBN 3-86124-282-6
Takeshi Kaikō	**Japanische Dreigroschenoper.** Roman ISBN 3-86124-183-8
Takeshi Kaikō	**Finsternis eines Sommers.** Roman ISBN 3-86124-228-1
Keizō Hino	**Trauminsel.** Roman ISBN 3-86124-229-X
Jaqueline Berndt	**Phänomen Manga.** Comic-Kultur in Japan ISBN 3-86124-289-3
Jürgen Berndt (Hrsg.)	**Gutes ist am besten gleich getan** 100 Sprichwörter aus Japan ISBN 3-86124-128-5
Jürgen Berndt (Hrsg.)	**Als wär's des Mondes letztes Licht am frühen Morgen.** 100 Gedichte aus Japan ISBN 3-928024-71-X

edition q Verlags-GmbH